中山雅史　時見宗和

魂の在処

幻冬舎

魂の在処

目次

001

なにもないから中山雅史

ほしいものは？

「ひざの軟骨、半月板、テクニック」

孤独を感じることは？

「ない。ひとりでいても、ひとのなかにいても」

人生の長さを１００だとすると、実感としていまどのあたりにさしかかっているか？（２００１年34歳）

「80ぐらい」

好きな言葉は？

「力」

天国に行ったら神様になんと言われたいか？

「まだやれるんじゃないか？」

サッカーとは？

「真剣勝負ができる場所」

天秤《てんびん》の一方にサッカーに対する思いを載せる。反対側になにを載せれば釣り合うのか？

「釣り合うものはない。永遠に」

中山雅史の核にあるものは？

「あるのは負けずぎらいとサッカーを愛する気持ちだけ。ほかになにもないから中山雅史だった。なにもないからなにかを得ようともがき苦しみ、もがき苦しむことから抜け出すために、手を伸ばし、その先をつかもうと努力した。ずっとその繰り返しだった」

002

いま、悪いということは
これからかならず良くなるということだ

台所から夕食の支度をする音が聞こえていた。８歳と６歳の息子が笑い声をあげて走りまわっていた。

２０１２年(平成24年)12月３日月曜日、ジュビロ磐田《いわた》のトレーナー、佐々木達也が自宅の温かな空気のなかでつかの間のオフを過ごしていると、携帯電話が鳴った。

モニター画面に〝中山雅史〟の４文字が浮かんでいた。

「はい、佐々木です」

「…………」指先に力が入った。「そうですか……ほんとうにお疲れさまでした」

佐々木は台所の夫人に言った。「泣きそうだよ」

「なになに？」息子たちが駆け寄ってきた。「どうしたの？」

「ゴンちゃん、やめちゃうらしいんだ」

「ほんとう？」

８歳の息子は家に飾ってある色紙にＧＯＮと書いたひとがすばらしいサッカープレイヤーであり、父親がもっとも尊敬しているひとだということをよく理解していた。

「うん。明日みんなに話すって言っていた」

ほんとうにやめてしまうのか。中山のすがたが頭に浮かんだ。ボールに向かって身体を投げ出しているすがたではなかった。ゴール後に喜びを爆発させているすがたでもなかった。黙って治療台にうつぶせになっているうしろすがただった。

コンサドーレ札幌《さっぽろ》のホーム最終戦で中山が痛み止めを6本打ったという話が伝わってきた。考えられない数字だった。そんなに打ったら感覚がなくなってもっと危険な状態になりかねない。やめてしまうのは残念だけれど……。指先に熱を感じながら佐木は思った。これ以上サッカーをつづけたら、ほんとうに取り返しがつかないことになるかもしれない。

中山がジュビロ磐田を離れるとき、佐々木は中山についての記録を収めたファイルを作成した。中山の身体をケアすることになるコンサドーレ札幌のトレーナーに渡すためだった。

最初の見開きにはJリーグとナビスコカップの出場記録と1試合平均の出場時間が並んでいた。すべて佐々木がカウントしたものだった。

つづく見開きにびっしりと並んだ小さな文字は受傷と故障の記録だった。1990年(平成2年)から2009年(平成21年)にかけて、治療のために96回チームを離脱しなければならなかったことを表していた。佐々木の入団以前の記録はあいまいな部分があったので、実際は１００回を超えているはずだった。

1年に6回も怪我をする選手の選手寿命は、通常、5、6年が限度だった。チームの戦力になれず、選手のモチベーションもつづかなかった。19年間もプレイしつづけてきたという事実は、中山が常識からかけ離れたプレイヤーであることの証明だった。

眼窩《がんか》底《てい》骨折、肩の脱臼、指の骨折、肋軟骨《ろくなんこつ》及び肋骨の骨折、腰痛、2度のグローインペイン・シンドローム(鼡《そ》径《けい》周辺部痛症候群)、恥骨炎、下肢のさまざまな部位のたび重なる肉離れ、たび重なる半月板損傷、ひざの内側側副靭帯《じんたい》損傷、腓骨《ひこつ》亀裂骨折、たび重なる両足首の捻挫、無数の切り傷。佐々木が作成したリストにはサッカー選手として考えられるほとんどすべての怪我が並んでおり、加えて重度のものが多かった。無事なのは足の甲の第五中足骨と前十字靭帯ぐらいだった。

故障と欠場の割合も常識からかけ離れていた。ふつうならば身動きが取れないほどの痛みを伴う怪我をしていても、中山は出場し、いつもとおなじように激しくプレイし、多くの試合で得点を上げていた。

つづくページには、移籍の時点での問題点が20項目に圧縮されていた。

もっとも大きな問題を抱えているのは両ひざで、西洋医学が手を上げるような状態だった。中山の両ひざには大腿骨《だいたいこつ》と脛骨《けいこつ》の間でクッションの役割を果たす半月板がほとんどなかった。大腿骨と脛骨の先端を覆う軟骨もないに等しかった。骨と骨が直接ぶつかると激痛が走り、炎症を起こして腫れた。日本人にはめずらしいX脚気味の脚のライン、まるでリスクを求めるかのようなプレイスタイル、たび重なる半月板切除の手術が原因だった。

すこしでも良くなってほしい。佐々木はこころからの願いとファイルをコンサドーレ札幌のトレーナーに託した。

生きていてなにが楽しいんだろう。なんのために生きているんだろう。思春期の屈折のなかで迷っていた佐々木に手を差し伸べたのはサッカーだった。プレイヤーとして上をめざす力はないけれど、トレーナーとしてなら関わりつづけられるかもしれない。

高校卒業後、鍼灸《しんきゅう》マッサージの専門学校を経て、スポーツ界に広く知られる整形外科に勤務。さまざまな現場で経験を積んでいるとき、Jリーグ昇格を決めたジュビロ磐田がトレーナーを募集するというニュースが飛びこんできた。

電車を降りると、磐田駅のまわりは真っ暗で、風がわがもの顔で吹き抜けていた。東京の杉並で生まれ育った佐々木は思った。こんなさびしいところでやっていけるのだろうか。

研修期間を経て、１９９４年（平成６年）の春、23歳の佐々木は藤田俊哉《としや》、服部《はっとり》年《とし》宏《ひろ》、奥大介とともにジュビロ磐田に入団。２年後の１９９６年（平成８年）５月、中山のマッサージと治療を担当することになった。

――選手はサッカーに人生を賭けている。加えて中山さんは、チームの主力選手であり、日本代表であり、たくさんの人々の期待を背負っている。そういうひとを診《み》る喜びを感じ、責任とプレッシャーにきちんと向き合いながらやっていこう。

佐々木は未来の伴侶に言った。

「中山さんになにかあったら、いつどんなときでも行かなければならないんだ」

それ以後、中山になにもないことは、ほとんどなかった。

佐々木の一日は、午前8時半ごろから始まった。ほぼおなじ時間にクラブハウスにすがたを現す中山のコンディションをチェック、ストレッチやホットパックで練習を行なえる状態に仕上げ、グラウンドに送り出した。

練習が始まると、佐々木はグラウンドの片隅に立ち、中山のすがたを追いつづけた。怪我をした場合、その瞬間の状況を見ていたほうがより適切な処置を施すことができるからだった。

練習が終わると、すぐにアイシングを施し、昼食をはさんで、午後の練習に備えてふたたびウォームアップをサポート。午後3時から練習がある場合は、その約1時間前からマッサージを開始。練習を終えた中山に治療とマッサージを施すと、たいてい夜9時をまわった。

治療台の中山は物静かだった。なにも話さずに終わることもあった。

「どうしてここが痛いのかな?」

質問されたときは、佐々木は思い浮かんだ答えを一度飲みこみ、さまざまな角度からチェックし、それから口を開いた。

中山はひらめきや感覚で行動する人間ではなかった。つねにものごとを言葉に置きかえ、言葉を組み上げて考えを進める中山に向かって、あいまいな答えを口にするわけにはいかなかった。

医療の現場に100パーセントはない。自分にできることは、わかったふりをせず、一生懸命やることしかない。指先に全神経を集中し、たんねんに中山の身体を走査するうちに、佐々木はすこしずつ中山の信頼を感じるようになっていった。

中山の筋肉は脱力しているときは柔らかく、力を入れるとギュッと締まった。瞬発力と持久力を兼ね備え、疲労の回復が早く、怪我につよかった。１００メートル走1、2本なら、中山より速く走る選手はいたが、90分間に30本走ることになったとき、中山よりも速く走れる選手はほとんどいなかった。

打撲や肉離れで筋繊維を損傷すると、修復されたあと、その部位はかさぶたのように硬くなる。軽度の損傷ならやがて消えるが、大きい怪我の場合は消えずにのこる。中山の身体には至るところに戦いの痕跡がのこされていた。

指先が探り当てた情報は佐々木の頭のなかに立体的に複写され、中山のスケルトンの人体模型を形作っていった。走査を重ねるうちに、スケルトンの模型は精度を増し、改善すべき点がよりはっきりと見えるようになっていった。

佐々木は中山の身体をより良い状態にするためのプランを練ったが、いつも修正を迫られることになった。中山の身体につぎつぎと新しい問題が発生し、それでも中山が休もうとしないからだった。

背筋が肉離れを起こし、走れず、跳べず、前屈みでしか動けなくなったときだった。

中山は言った。

「明日は筋が切れてでもやるよ」

佐々木は驚いて答えた。

「いや、すでに切れています」

安静にしていれば2、3週間で治るが、無理をすれば全治まで2カ月かかるかもしれなかった。

「とにかく監督に行けと言われたら行く。だいじょうぶだろう?」

答えようがなかった。まったくだいじょうぶではなかったし、第一、試合に出ると言えるような痛みであるはずがなかった。

痛みは身体が発信するシグナルだった。無理に痛みを抑えると、気づかずに限界を超えてしまう危険性があるために、筋肉に痛み止めの注射を打つことを佐々木は避けていた。加えて肉離れは、強い負荷を加えると、決定的に切れてしまうかもしれないという恐れがあったが、結局このときも、中山の意志が痛みと恐怖とメディカル・スタッフを振りきった。

いつまでも中山雅史を中山雅史でありつづけさせたいと佐々木は思った。そのためには、プレイを止めて休ませなければならないこともあった。だが、中山を止めることほどの困難はなかった。

日本代表に招集されると、中山のモチベーションはさらに上がった。佐々木は思った。ぼくに「痛い」と言うときの痛みを100とすれば、きっと代表では150でも「ぜんぜん、だいじょうぶ」だと言っているのだろう。

怪我の頻度が急に高くなったのはワールドカップ日韓大会が行なわれた2002年(平成14年)に入ってからだった。1試合に2カ所のペースで問題は増えていったが、それでもパフォーマンスは高く、35歳の中山は16得点を上げてベストイレブンに選ばれ、ジュビロ磐田はJリーグ史上初の両ステージ制覇を達成した。

翌2003年(平成15年)、リーグ開幕前日の左太もも痛を皮切りに重い受傷がつづいた。6月、下腹部がそれまでに経験したすべての痛みを上まわる激痛に襲われ、一歩も動けなくなり、車いすに乗せられて病院に運びこまれた。1994年(平成6年)、ジュビロ磐田がJリーグに昇格した年に患って以来、2度目のグローインペイン・シンドロームだった。

中山はこのシーズンのほとんどをリハビリに費やすことになった。スケルトンの模型は、それらが偶然の連続ではなく、長年の過負荷のリバウンドだということを示していた。

大学を卒業してから12年間、ヤマハ発動機サッカー部をJリーグに引き上げ、日本代表として戦い、すべての練習と試合を全力でやりつづけてきたために、中山の身体は〝金属疲労〟を起こしていた。

古傷と新しい受傷と〝金属疲労〟が重なり、治療はますます複雑で困難なものになっていった。すべては関連し、なにかひとつ見過ごすと、負の方向に連鎖する危険性があった。

たとえば足底が固まるとふくらはぎへの負荷が増える。ふくらはぎへの負荷を減らすためには、大腿四頭筋や大腿の前部の筋力トレーニングが必要となる。だが、その筋力トレーニングをやるためにはひざの痛みを克服しなければならない。ひざの痛みを解消するには患部を休ませることがいちばんだが、中山はサッカーから離れることをなによりもきらった。

どのように治療していこう。佐々木がもつれた糸に指を乗せ、考えをめぐらせていると、決まって中山が先に口を開いた。

「やるしかないよな。がんばるぞ」

いま、悪いということはこれからかならず良くなるということだ。ぜったいに治る。サッカーをやるためにリハビリをやりきるだけだ。つねに中山はそう考えていた。ふつうの選手ならこころが折れきってしまうような状態でもぜったいに下を向かなかった。漠然とした不安を振りきり、現実と向き合った。

怪我をするたびに中山は強く、やさしく、大きくなっていった。

うしろすがたを見つめながら佐々木は思った。サッカーのためならすべてを犠牲にするこころ、100パーセントの努力を継続する意志、プロのサッカー選手でありたい、もっと良い選手になりたいという気持ち。中山さんを貫いているのは、言葉にすればあたりまえのことだけれど、あたりまえのことをあたりまえにすることがじつはいちばんむずかしいことなのだ。


中山をコンサドーレ札幌に送り出したあと、佐々木はジュビロ磐田のメディカル部門のチーフになった。

――せいいっぱいの努力を積み重ねていこう。

クラブハウスに入る時間は2時間早くなり、出るのは2時間遅くなった。時折東京に出ると、人混みに酔うようになり、時間ができると息子たちが通うサッカースクールに足を運び、コーチたちを手伝うようになった。

本気でやるのはなんだかかっこう悪い。がんばったって意味ないじゃないか。10代のころは斜に構えてものごとを見ていたが、ジュビロに来て中山に出会い、一生懸命がんばるということに裏も表もないことを知った。

サッカースクールでボールを追いかけながら、佐々木は思った。子どもたちを通して、いつかかならず未来に伝えよう。中山さんから教わったことを。

003

ウルトラマンになるような
つもりだったのかな

小学校の卒業文集を手に取り、ページをめくった中山雅史は30年ほど前の自分を見て楽しそうに笑った。

「ウルトラマンになるようなつもりだったのかな」

車1台が通れるほどの路地に踏み入ると、せわしなさや騒々しさが一気に遠ざかる。時間がゆっくり流れ、光が柔らかい。

強い日ざしをさえぎり、風や雨を防ぐために、細い角材を5、6センチ間隔で取り付けた格子戸が路地のあちこちに見える。蔀《しとみ》と呼ばれる、長い年月のなかで育まれた建具だ。

路地のなかほど、ひときわ目を引く手入れの行き届いた蔀の横に〝中山儀助〟の表札。わずかに開いた引き戸の向こうに土間が見える。

裏庭に土蔵が建ち、土蔵のすぐ裏手からミカン畑に覆われた斜面が立ち上がる。雨降りの日には、なにかつかまるものが必要なほどの急傾斜だ。

豆腐なる　おかべの宿に　着きてけり
足に出来たる　豆をつぶして
『東海道中膝栗毛《ひざくりげ》』（十返舎一九《じっぺんしゃいっく》）

静岡県中部、太平洋から内陸に5キロほど入ったところに位置する藤枝市岡部町。歴史に初めて地名が登場するのは鎌倉幕府の史書『吾妻鏡《あずまかがみ》』。中世は朝比奈氏、岡部氏といった地方豪族に守られ、江戸時代は東海道五十三次の品川宿から数えて21番目の宿場町として栄えた場所だ。

その岡部宿本陣の近く、築100年を超える家で、1967年（昭和42年）9月23日、儀助と春代の間に中山は生まれた。4歳上に長女知子。2歳上に次女賀世子。中山は末っ子の長男だった。

豆腐屋を営んでいた先代の儀助に始まり、儀作、儀一、儀乃助と、中山家の長男は代々〝儀〟の字を受け継いでいた。儀助も習わしにしたがおうと決めていたが、易学に詳しい知り合いが首を横に振った。「儀はだめだ。雅がいい。史をつければ画数もうまく収まる」

儀助と春代は朝早く家を出て、日が沈むまで外で働きつづけた。

働くのは親の役目、子どもは遊ぶのが仕事。第一、無理になにかやらせようとしても足手まといになるだけだ。約３００羽の鶏の世話、ミカンと茶の栽培、新しい農地の開墾、仕事は休む暇もないほどあったが、儀助は3人の子どもたちに手伝えと言ったことも、勉強しろと言ったこともなかった。声を荒らげたのはただ一度、鶏を運んでいた中山が、首をつよく持ちすぎて死なせてしまったときだけだった。

春代は儀助以上になにも言わなかった。遊び疲れた中山が屋根裏の勉強部屋に上がることができず、居間で寝こんでいても怒らなかった。寝るのなら布団で寝なさいと言うだけだった。

ふたりの姉は大きくてつよかった。よく泣かされたが、置いてきぼりを食ったことはなかった。背中を追って裏山に登り、近くの朝比奈川にいかだを浮かべ、鮎《あゆ》を追いかけた。

やがて野球とサッカーが遊びに加わった。野球はピッチャー、サッカーはフォワードだった。野球のほうが人気があったが、三振を取ることよりドリブルしてシュートを打つことのほうが楽しかった。

小さいころからすばしこかった。ボールをめぐる追いかけっこならだれにも負けなかった。いつも相手の隙をねらい、届かないボールを追いかけ、ゴールキーパーにぎりぎりの勝負を挑んだ。

岡部町立岡部小学校4年生のとき、岡部サッカースポーツ少年団に入団。活動は1週間に4回。火、木、土曜は家から10分ほどのところにある岡部小学校のグラウンドで練習が行なわれ、日曜はたいてい試合だった。

「なんでやられちゃうんだよぉ」

試合で相手チームに点を取られると、中山は半べそをかきながら仲間のディフェンダーやゴールキーパーに向かってさけんだ。

「止めろよなぁ」

そのうち、点を取られると、みんなうつむいてプレイするようになった。

「なんだよみんな、どうしたんだよ」

中山が聞くと、仲間たちが口々に言った。

「だってマッちゃん、負けていると、怖いんだもん」

長女知子は、両親が茶の間でサッカーの話をしているのを聞いたことがなかった。

弟の口から聞いたこともなかった。

儀助はサッカーをまったく知らなかった。好きで始めたのだから好きにやらせておけばいい。たとえ知っていても子どもの遊びに口を出すつもりはなかった。

小学校6年生のとき、地域の志太《しだ》リーグで優勝。中山は得点王になり、さらに静岡県大会の〝さわやか杯〟で優秀選手として表彰された。

岡部小学校を卒業するとき、中山は文集にこう書いた。

――大きくなったらプロのサッカー選手になりたい――

Jリーグの発足ははるか遠く、プロのサッカー選手の影も形もない時代だった。

004

走りつづけ、意地を張りとおすだけだ

校門から走り出た中山雅史はすぐに100メートルほど前方を行く仲間の背中を視界にとらえた。

右側に朝比奈川の川面がキラキラと光っていた。夏になるともぐって鮎を追いかける川だった。左側には緑に覆われた山が見えた。山の向こう側、自転車で30分ほどのところに中山の家はあった。

前を行く背中はみるみる大きくなっていった。並ぶまもなく一気に追い抜いた中山はつぎの背中をにらむように見つめた。

岡部町立岡部小学校から岡部町立岡部中学校に進学した中山はサッカー部に入部。3年生のときの全国大会につながる県大会で、優勝候補に挙げられながら地区予選敗退。さいごの公式戦が終わると兼部していたコーラス部と陸上部の活動に力を注いだ。コーラス部には女子しかいなかった。テストをして臨時部員になった中山はテナーを受け持った。

陸上部は正式な部ではなく、大会に出場するための有志の集まりだった。もっとも力を入れていたのは駅伝で、放課後、毎日のように走りこんだ。ロードに出るときは、タイムの遅い順に一定間隔でスタートすることになっていて、さいごにスタートするのはいつも中山だった。

すぐ目の前を走る背中を追いかけ、追い抜くとつぎの背中を追った。いつも一度も振り向かず走りつづけた。

さいごにスタートするのは楽だよな。校門に走りこんだ中山は息を整えながら思った。目の前にいるやつをひとりずつ抜いていけばいいんだから。


グラウンドを囲むように広がる広葉樹の森が、赤く色づいていた。

やっぱりひとりか。振り向くと、選手たちが一団となってのんびり走っていた。

ジュビロ磐田のシーズンはこの日と翌日ののこり2日になっていた。この日の練習は10分間走を2本とミニゲーム。シーズンを締めくくるクールダウンのようなメニューだった。

どんなときだって、話したり笑ったりしながらの練習は練習じゃない。文句を言う筋合いじゃないけれど、なんだかさびしいよな。中山はクラブハウスの2階の壁にかけられた大時計を見上げ、勢いよく芝生を蹴った。選手の一団は、あっというまに遠ざかっていった。

ジュビロ磐田の練習グラウンド、大久保グラウンドはかつて野球場だった。ふつうのサッカーグラウンドよりはるかに広く、中山はその広さが気に入っていた。

ぼくが入団したころ、ここにはなにもなかった。かつて内野だった場所は土のままで、練習は外野の芝の上で行なわれた。クラブハウスがなかったので、車で10分ほどのところに建つ誠和寮のロッカールームで着替えてからグラウンドに来なければならなかった。

練習が終わると誠和寮にもどり、風呂に入って家に帰った。夏はがまんができず、よくグラウンド脇の水道から引いたホースで水を浴びた。

やがて、みんなに〝部室〟と呼ばれることになる本部室の更衣室が片隅に建てられ、シャワーも取りつけられ、そんなふうにしてすこしずつものごとが整えられていった。

中学生や高校生のときにJリーグが始まっていれば、プロとしてもっと長くサッカーができていたのかもしれない。そう思ったこともあるが、さいしょから環境が整っていれば、それがあたりまえで、きっといろいろな不満を感じただろう。ひとつひとつのできごとに幸せを感じられるいい時代に生まれたのだと思う。

森の奥から鳥の鳴き声が聞こえた。冬の匂いのするツンと澄んだ空気が心地よかった。

おっ。

コーナーをまわると、前方に本田慎之介の背中が見えた。

あいつ、がんばっているな。

本田もひとりで走っていた。このランニングをクールダウンで終わらせるつもりはないようだった。

中山は本田を追い抜き、本田は中山の背中を追いかけ、ピッチのまわりを6周し終えたところで前半の10分間走が終わった。

インターバルの間も、中山は話したり笑ったりしている一団には近づかなかった。芝の上をゆっくりと歩きながら呼吸を整えた。

大久保グラウンドは静かで、1年を通して気候が温暖だった。

いちばん気持ちがいいのは夏の夕暮れだった。やっと練習が終わった。やりたくてやっていることだけれど、でも今日もきつかったなあ。そう思いながら、涼しくなってきた空気のなかで手足を思いきり伸ばすひとときが中山は大好きだった。

後半の10分間走が始まった。

中山は前半の10分間走とおなじようにさいしょから飛び出し、本田がそのうしろについた。

6周目の中盤、大時計を見上げると、あともうすこしで制限時間の10分だった。

どうしても前半の10分間走より1周多く走りたい。いまここでペースを上げればいける。

中山は初めて振り返り、本田に言った。

「ラスト、もう1周行くぞ」

「はい」

たぶんついてこられないだろうな。スパートした中山はもう一度振り返った。

「コーナーの内側を通ってもいいからついてこいよ」

「はい」

中山は7周を走りきり、すこし遅れて本田がゴールに走りこんだ。

息を切らしながら、本田は言った。

「中山さんの前を走っちゃいけないっていうことですね」

「それはそうだよ」

中山は23歳年下の本田に答えた。

「前を走る背中が見えたら、当然、追い抜こうと思うじゃないか」

岡部中学校コーラス部は東日本大会で優秀校に表彰された。

陸上部は志太駅伝2位。藤岡駅伝で優勝し、中山は区間1位を記録した。卒業アルバムに中山がポーズを取っている〝陸上部〟の写真が載せられた。

翌日、中山のジュビロ磐田の選手としてのさいごの10分間走は単独行に終わった。前を走る選手も、あとを追う選手もいなかった。

シャワーを浴び、身体のメンテナンスを終えてクラブハウスから出てきた中山は、去り際にいつものように両手の10本の指をまっすぐに伸ばし、大久保グラウンドに向かって深々と頭を下げた。

この先、自分という存在の小ささを思い知らされることになるだろう。なにが待ち受けていようと、走りつづけ、意地を張りとおすだけだ。

005

生涯最高のゴールは？　と質問されたら

最高の舞台、最高のトラップだった。中山雅史は思った。もし入っていたら、これ以上のゴールは望めないと思い、ぼくのサッカーへの挑戦は早く終わっていたかもしれない。

日本が初めてワールドカップ本戦に出場した1998年（平成10年）のフランス大会。初戦のアルゼンチン戦を0－1で落とし、迎えたクロアチアとの第2戦。

前半34分、右サイドでボールを奪い、駆け上がった中田英寿《なかたひでとし》が、ディフェンダーの裏を取って中央に走りこんだ中山にスルーパス。これ以上はないというトラップでボールを足もとに収め、右足でシュートを放ったが、ゴールキーパーがファインセーブ。0－1で試合が終了。無得点で連敗した日本のグループリーグ敗退が決まった。

生涯最高のゴールは？　と質問されたら、決まっていればあのクロアチア戦のシュートだと答える。つづくのは高校時代のゴール。日本代表初ゴールやワールドカップ初ゴールや4試合連続ハットトリックなど、記憶にのこるゴールはいくつかあるけれど、ぼくにサッカーをする自信を持たせ、走りつづける力をくれたのは高校時代のゴールだった。

鎌田《かまだ》昌治《しょうじ》が15歳の中山と出会ったのは、静岡県立藤枝東高等学校サッカー部の監督に就任して5年目、気力、体力がもっとも充実しているときだった。

中山はパスやドリブルだけではなく、練習に対する態度も不器用で、まるで手を抜くことを知らなかった。放っておいてもいつも全力で練習し、出しきることのできる15歳に出会うのは初めてだった。指導する際、選手の性格に合わせて接しかたに変化をつけることはあったが、中山に対しては気を遣う必要はまったくなかった。

藤枝東高等学校(旧制静岡県立志太中学校)は1924年(大正13年)に創立された。「比較的短時間で勝敗が決まるうえ、精神修養に良く、かつ日本では未開発競技で将来性がある」

文武両道をめざした初代校長、錦織兵三郎《にしごりへいざぶろう》が『蹴球』を校技に指定。創立から2年後の1926年に蹴球部が設立され、5年後の1931年、全国中学校蹴球大会に初出場初優勝。

藤枝東サッカー部の黄金期を作り上げたのは、国語の教師、長池實《みのる》だった。サッカーがまだマイナーなスポーツであった時代に海外から原書を取り寄せて研究し、精神論や根性論がもてはやされるなか、選手の個性を見極めた指導を施した。チームを優勝に導くことと同時に、選手たちが将来の日本代表になれるようなトレーニングをつねに模索した。

長池は約20年にわたる監督在任中、全国高校サッカー選手権大会、全国高等学校総合体育大会(インターハイ)、国民体育大会で、1度の3冠達成を含む8回の優勝を記録。鎌田はその8回のうちのひとつ、1970年(昭和45年)の高校サッカー選手権で優勝したときのキャプテンだった。

藤枝東高等学校によって点火された高校サッカーブームは全国に燃え広がった。後発の高校サッカー部は選手の獲得、育成、スカウティングに力を入れるようになり、その結果、文武両道という基本方針を持つ藤枝東高等学校は優位を保つことがむずかしくなっていった。

個人の技術はたいせつだが、それを伸ばすには3年間はあまりに短い。技術的なミスについては、ある程度は目をつぶろう。鎌田がもっとも重視したのは、つねに持っている力をすべて出すことだった。自分たちはこれだけやったのだから負けるはずはない、勝負がかかったときにそう思えるだけの練習を部員たちに求めた。

中山がいたチームは素質に恵まれていなかったから、勢い練習は激しさを増した。

夏休みの練習試合でふがいない試合をしたときだった。

鎌田が淡々とした口調で言った。

「走ろう」

ゴールラインから、逆のペナルティエリアまで13秒以内で走り、もどりが47秒。計60秒。

10本を過ぎた。

「もう1本」

15本を超えた。

「もう1本」

いったい何本走るんだろう。先頭を走りながら中山は思った。

30本を走り終えたところで鎌田が言った。

「あと10本」

中山は遅れ始めた仲間のうしろにまわり、突き飛ばすようにゴールに押しこんだ。

中山の手を借りて時間ぎりぎりに転がりこんだ選手は、立ち上がり、もがくようにスタートに向かった。
なんだ、しょうがないなぁ。寝ていればいいのに。中山はふたたび背後にまわり、仲間がつんのめって転ばないように支えながら走り、時間内に押しこんだ。

中山が2年生のときの第63回全国高校サッカー選手権大会、静岡県予選決勝。対戦相手は東海大学第一高等学校。
試合は7分3分で東海大一高等学校有利という戦前の予想通りの展開となった。藤枝東高等学校は序盤から押されつづけたが、前半30分、縦パスに反応した中山が相手ディフェンダーを振りきり、ゴール。ワンチャンスを生かして試合の流れを引き寄せた藤枝東高等学校が、3－1で勝利。5年ぶり18回目の全国大会出場を果たした。

高校卒業後の進路を決めるにあたって、教員免許を取りたいという中山を後押ししたのは鎌田だった。チームが苦しいときに流れを変えるゴールを入れてくれる選手だったが、Jリーグで157ゴールを上げ、日本を代表する選手になることは想像できなかった。

もしも器用で、中学、高校からテクニックを評価されていたら、もしかするといまの中山はいなかったのかもしれない。鎌田は時折振り返り、思った。自分がうまくないことを中山は自覚していた。足りない部分をなにで補い、周囲にどのようにアピールしていけばいいのか。そういうことを高校のときからすでに理解し、実践していた。とことんがんばる選手であることはたしかだが、それ以前に、すごくかしこい選手だった。

006

見えない枠のなかでプレイしているかのようだった

チームが苦境に立たされたとき、がんばれない選手は「おれはやっている、悪いのはあいつだ」とひとのせいにする。いい選手はひとのせいにしない。チームが苦しくなればなるほどがんばる。うまい選手や速い選手はたくさんいるけれど、いい選手はそうはいない。内山篤《あつし》はいつも思っていた。ゴンのようないい選手を育てたい。ゴンのような選手がたくさん生まれてこそ、中山雅史が日本のサッカー史においてひときわ輝く存在になる。

1982年(昭和57年)、内山はヤマハ発動機サッカー部に入団。3年目に日本代表に選ばれ、2年連続して国際Aマッチに出場。1986年(昭和61年)から3年連続してヤマハのキャプテンを務め、1988年(昭和63年)にはチームを日本サッカーリーグ初制覇に導いた。

入団したころ、中山は、シュートをはずしたあと、よくうつむいていた。責任感がつよいから自分ばかりを責めてしまうのだろう。内山はそう思い、声をかけた。だいじょうぶ、だれだってはずすんだ。顔を上げよう。つぎのチャンスに入れることを考えよう。

中山が入団して2年目の91－92シーズンをさいごに、内山は監督の長澤和明にコーチ就任を請われ、引退した。まだ32歳、翌年からJリーグが始まることは知っていたが、ずっと指導者になりたいと思っていたから迷わなかった。

2年間トップチームでコーチを務めた内山は、高校生年代の選手を対象とするジュビロ磐田のユースチームの監督になった。

育ち盛りでナイーブな年代を指導するにあたって、なによりたいせつにしたのは、できるかぎりいっしょにいることだった。3年間、欠かさず朝6時30分にジュビロ磐田の誠和寮に行き、寄宿している選手たちを学校に送り出した。ひとりひとりの身体とこころのコンディションを確認し、指導のヒントを探すためだった。

選手たちは若竹のように成長していったが、なにかに頭がつかえたように変われない選手もいた。そういう選手は大学でサッカーをやめてしまう確率がものすごく高かった。

変われない選手の多くは環境の被害者だった。たとえば食事に出たトマトを、栄養を取るために食べなければならないことがわかっているのにのこすのは、その選手のせいではなく、寮にやってくるまでの15年間に原因があった。冷凍食品やコンビニの弁当のようなものばかり食べさせられ、新鮮なトマトを食べたことがないからだった。かなしくて、めずらしくない現実だった。

そういう選手に対して、たとえば「食べ終わるまで席を立ってはいけない」と注意する指導者は少なくなかった。だが一度注意すると引き返すことができなくなり、往々にして「トマトが食べられないからきちんと練習ができないんだ」「だからサッカーがうまくならないんだ」とエスカレートすることになる。叱られ、見張られるうちに選手に確実にストレスが溜《た》まっていく。食事は欲だから、ストレスになってしまったら無理に口に押しこんでも栄養にならない。

本人は食べたくなくて食べないのではない。わかっているけれど食べられないのだ。15歳でトマトが食べられない選手は、もう食べられるようにはならない。調理師のひとにはもうしわけないが、べつのものでトマトの栄養分を補ってもらうしかない。内山は思った。つきつめればトマトもサッカーも同じことなのだ。

誠和寮に通いながら内山は思った。もしもいま、このなかに15歳の中山がいたら、将来、日本を代表する選手として活躍するすがたをイメージできるだろうか？　きっとできないだろう。そうだとすれば、指導者が最優先すべきは、欠点の指摘や矯正ではなく、長所を見つけ出し、伸ばすこと、そのためのトレーニングを積み重ねていくことだろう。継続にマイナスはないはずだ。

サテライトチームの監督、地域のサッカー指導、スカウトなど、土を耕し、種を蒔《ま》き、芽を育てる現場に関わりつづけた内山は、2004年(平成16年)、ふたたびユースチームの監督に就任した。10年ぶりのユースチームは用意された環境のなかでJリーグを見て育った〝Jリーグ世代〟のチームになっていた。

選手たちは、仲は良かったが、以前にくらべて結びつきがよわかった。試合や練習のきびしい局面を、支え合いながら乗り越える力がよわかった。

デジタルゲームの普及と無関係ではないだろうと内山は思った。デジタルゲームはやめたければいつでもリセットできるが、サッカーはそうはいかない。どんな逆境でもやりつづけなければならず、戦うためにはコミュニケーションが必要になる。そんなことじゃ勝てないじゃないかと仲間に詰めより、踏みこみ、言葉を尽くし、深いところでわかりあう。内山が若かったころは当然だった光景が、まったくと言ってよいほど見られなかった。

時折、内山は中山と話した。サッカー環境が整備されていない時代に育った中山は、内山のたいせつな理解者だった。

「すっかり変わったよね」

「ほんとうですね。なにもかもが考えられないくらい」

「選手同士の結びつきがよわくなった」

「ひとりひとりがコーチや情報を見てプレイしている感じがしますよね。そのぶん、横のつながりが弱くなっている」

「だけど、用意された環境で育った選手に、昔はこうだったと言っても意味がないしね」

「こういう時代だからこそスポーツをする、サッカーをすることがとても大きな意味を持つのだと思いますが」


Jリーグ世代のユースチームを見るたびに、中山はレベルの高さに感心させられた。ボールコントロールがうまく、サッカーをよく理解していた。サッカー選手としての育ちが良く、欠点らしい欠点がなかった。評価項目が5項目あるとすれば、すべて平均点以上。図形化すればバランスの取れたきれいな5角形だった。

だが、いっしょに練習すると、印象は変わった。ユースチームの選手たちは、外から見ていたときほど自由ではなかった。見えない枠のなかでプレイしているかのようだった。サッカーを始めたときから、いつもコーチがそばにいたからなのかもしれないと中山は思った。Aのような場合はこうしたほうがいい、Bのケースはこうしてはいけないと教わるなかで、平均点を上げる一方、のこされてもよかった凹凸が均《なら》されてしまったのかもしれない。

2007年(平成19年)、内山はシーズン途中で退任したアジウソンのあとを受けてトップチーム、ジュビロ磐田の監督になった。

40歳の中山は出会ったころの中山とおなじだった。うまくなりたいという気持ちがすべての前提で、いつも100パーセントのプレイをしていた。

サッカー選手は消耗品だ。それなのにゴンはつねに過負荷でやりつづけている。やりつづければいつか壊れてしまう。なんとかして消耗を食い止めたい。ピッチで思う存分、自分を表現してもらいたい。

内山はだれよりも早くクラブハウスにやってきて、玄関を通る選手のすがたを監督室のモニター越しに見つめた。

内山のつぎにクラブハウスにやってくるのは、いつも中山だった。ゴンのなかにはつねに100パーセントでやりつづけたからここまで来られた、やりつづければもっと良くなるという思いがある。どうすればやりすぎを抑えられるのだろう。内山はモニターのなかの中山を見つめながら頭を抱えた。ぜんぜん抑えてくれないんだ、わかりましたと口では言うけれど。

007

開いた穴を放っておくと、どんどんくずれていく

しばらく会っていなかった友達が突然やってきて、酒を飲もうと誘われる。友達の誘いを断ることがストレスになるのなら、翌日の朝早くから練習があったとしても遊んだほうがいい。アルコールを遠ざけることがストレスになるのなら、飲んでもかまわないと思う。

たいせつなのは、立ち止まったぶんをすぐに取り返すこと、開いた穴をすぐに埋めることだ。「明日にしよう」はぜったいにやってはいけない。開いた穴を放っておくと、どんどんくずれていく。気がついたときは手遅れということになりかねない。

いままで穴を開けたことはあるけれど、開けた穴を放っておいたことは一度もない。ものすごくスーパーな技術を持っているかと聞かれると答えに困るが、サッカーをいちばんにしているか、そのための努力をしているかと聞かれたら、していると言いきれる。

008

監督と衝突しようとは思わない

試合に勝たないと楽しくない。たとえ勝っても点を取って勝利に貢献できないと楽しくない。自分のプレイにミスが多いと楽しくない。なにより楽しくないのは試合に出られないこと、サッカーができないことだ。

自分のやりかたを押しとおそうとして監督と衝突し、試合に出られなくなってしまう選手がいる。すこし監督に合わせれば試合に出られるのに、どうしてそうしないのだろうと思う。

監督の要求に応えることがプロのプライドなのか。自分のプレイ・スタイルをつらぬくことがプロのプライドなのか。どちらが正しいのかわからないが、ぼくはたとえ思うことがいろいろあったとしても監督と衝突しようとは思わない。まずチームを最優先し、監督が要求することにせいいっぱいチャレンジし、そのうえで自分らしさを出す。

009

達成感を味わったことは一度もなかった

遠くに大きな目標を設定したことはない。気持ちが漠然としてたどりつけないように感じるからだ。いつも近くに小さな目標を立てて、そこに到達することに全力を尽くしてきた。

何度も分岐点に立ったが、進むべき道をだれかに決められたことはなかった。相談したこともなかった。相談するのは答えをもらうためではなく、ただ後押しがほしいからだと思った。藤枝東高等学校も筑波大学も自分で選んだ。ヤマハ発動機との契約も自分で決めた。さまざまなチームから熱心に誘われたが、ヤマハに賭けようという気持ちが揺らぐことはなかった。

いつも頭のどこかで結論を直感していたが、考えずに跳んだことはなかった。右に行けばどうなるのか。左はどこにつながっているのか。さまざまな可能性を並べ、直感を裏づける理由を探し、進むべき道を選んだ。

目標にたどりつくとつぎの目標が見えた。その目標をクリアすると、またつぎの目標が見えた。目標が途切れることはなかったから、達成感を味わったことは一度もなかった。

010

いくら泳いでも
岸にたどりつけないような気分だった

1993年（平成5年）8月22日、神奈川県・海老名《えびな》運動公園陸上競技場を訪れた人々は、この先サッカーがどれほど進歩しようと、けっして色褪《あ》せることのないシーンの幸運な目撃者となった。

バンカーだらけのピッチで行なわれたのは日本プロサッカーリーグ（Jリーグ）の下部組織ジャパンフットボールリーグ（JFL）1部第14節、ジュビロ磐田対東芝（現・コンサドーレ札幌）。公表された観客数は2500人。3日前の8月19日、Jリーグのヴェルディ川崎と名古屋グランパスエイトの試合に集まった人々の数は東京・国立競技場を埋め尽くす5万4977人だった。

この時点でJFLの首位を走るのはフジタ（現・湘南ベルマーレ）、2位ヤマハFCジュビロ磐田、ジュビロを追うのが東芝、ヤンマーディーゼル（現・セレッソ大阪）。Jリーグに上がるためには2位以内でシーズンを終えなければならなかった。

ジュビロ磐田のフォワードは中山雅史とアントニオ・カルロス・アンドレ。アンドレが引き気味にポジショニングしているため、実質的には中山のワントップ。

先制したのはジュビロ磐田。

11分、アンドレ（ジュビロ磐田）。

35分、羽賀康徳《やすのり》(東芝)。

44分、中山雅史(ジュビロ磐田/ペナルティキック)。

ジュビロ磐田の勝利が決まったかと思われた89分、東芝のフォワード、パナマ出身のホルヘ・ルイス・デリー・バルデスが同点のゴール。

延長戦に入ってまもなく、ジュビロ磐田陣でボールの争奪戦がつづいたあと、ボールがハーフウェイの向こう側へと大きな放物線を描いた。明確な意図のあるパスではなかった。とりあえず東芝陣に蹴りこんでおこうというロングキックだった。

ボールがハーフウェイラインから東芝陣内に5メートルほど入ったところに落ちたとき、落下地点にもっとも近いところにいたのは東芝のミッドフィールダー、石崎信弘。

石崎から2メートルほどジュビロ磐田陣寄りに中山。

自陣のゴールに向かってはずむボールを石崎が追いかけ、石崎の背後から中山がボールを追う。

「もしもし、人事部の中山です。主査はいらっしゃいますか?」

「はい、わたしですが」

「先日のセミナーの提出書類がまだのようですが、どうなっていますでしょうか？」

「あれ？　出していなかったっけ？」

「はい、まだなんですが」

がらがらと引き出しを開ける音。

「ああ、あったあった」

「早急に人事部に提出していただけますか」

Jリーグ発足の足音がいよいよ高らかになった1990年(平成2年)4月、中山はヤマハ発動機に入社した。サッカー部員の出社を免除している部署もあったが、中山が配属された人事部は、現役を終えたあとのためにすこしでも仕事をしておいたほうがいいと考えていた。

一日はラジオ体操に始まり、朝礼が終わると中山は机に向かった。引き出しに入っている封筒をサイズごとに揃《そろ》え、中間管理職に電話をかけて受講したセミナーや講習会のレポートの提出をうながし、海外青年協力隊希望者の面接を行なった。

業務は午前11時半で終了。社員食堂で昼食を取り、練習に向かった。やりきれなかった仕事は寮に持って帰った。

入団翌年の1991年(平成3年)2月、1993年(平成5年)から始まるJリーグに加盟する10クラブがプロリーグ検討委員会から発表された。

ヤマハ発動機サッカー部は選に漏れ、中山は清水エスパルスを始め、加盟10チームのうちのいくつかから移籍を誘われた。

一方、ヤマハ発動機は3年後のJリーグ入りに向けて、選手たちにプロ契約を結ぶことを求めた。

移籍したらどうなるのだろう。そもそもプロリーグというものが成り立つのだろうか。岐路に立った中山は起こり得るさまざまなケースを考えた上で、すでに胸の内にあった直感にしたがった。

ヤマハ発動機サッカー部に賭けよう。理解し合っている仲間とJリーグにはい上がろう。最短でも3年間の遠まわりになるが、そこで戦い、もがく経験がこれからの自分にとってかならず意味を持つはずだ。

1992年(平成4年)7月5日、雨の東山総合グラウンド(現・ヤマハスタジアム)で遠まわりの2年目が始まった。

——日本のアマチュアのトップリーグでありますＪＦＬ１部が今日、開幕いたしまして、ヤマハ発動機対東芝は前半が終わりまして１対０。ヤマハが前半12分、東川《ひがしかわ》のシュートで１点を先制いたしまして、１対０で前半を折り返しました。

それでは日本代表でもあります吉田光範《みつのり》選手と中山雅史選手へのインタビューをお聞きください。

——吉田さん、待ちに待った開幕ですね。

「ちょっと天気が悪いんですけど、グラウンドの状態はそんなに悪くないんで、うちのいいサッカーをやって、ぜひ勝ちたいと思います」

——日本代表として返り咲いたんで、今シーズン、またリーグのほうにも燃えるものがあると思うんですけど。

「そうですね。Ｊリーグにどうしても行きたいんで、優勝してアピールしたいと思います。ヤマハらしいすばらしいサッカーをやって勝ちます」

副キャプテンの吉田はミッドフィールダーとしてゲームメイクを担っていた。求めていた「ヤマハらしいサッカー」とは、中盤をコンパクトに押し上げ、テンポの良いパスで相手ディフェンスをくずすサッカーだった。

つづけてテレビカメラは、入団3年目、24歳の、すこしふっくらした中山に向けられる。

――えー、どうでしょうか、活躍はみんなが期待しているところなんですけどね。

「みんなから注目されていると思うんでね、自分のプレイを前面に出してせいいっぱいがんばりたいと思います」

中山は吉田とともにマリウス・ヨハン・オフトを監督とする日本代表チームの一員に選ばれていた。Jリーグに選ばれなかったチームから日本代表を出しているのはヤマハ発動機だけだった。中山はチームをアピールするために、日本代表に招集されたときは、いつも正面に〝YAMAHA〟のロゴが大きく入ったアポロキャップをかぶるようにしていた。

――やっぱりプロをめざすチームですから、プロらしい活躍っていうか、お客さんをやっぱり楽しませてほしいんですが。

「そうですね、基本ですけどね、さいごまであきらめずにボールを、ライン際でもねばりづよくがんばりたいと思います」

このシーズン、中山は13点を上げて得点王となり、ヤマハ発動機は13勝無敗5引き分けで優勝した。

遠まわりの3年目、Jリーグに上がるためには2位以内でシーズンを終えなければならなかった。勝利のみが善だった。チームは狂気に包まれた。

初の敗戦となった第6節の富士通(現・川崎フロンターレ)戦、あまり感情を表に出すことのないキャプテンでゴールキーパーの森下申一が、あいまいなオフサイド・ジャッジに業を煮やし、ゴールマウスから飛び出して線審に迫った。2敗目を喫した第12節の中央防犯(現・アビスパ福岡)戦、試合終了直後にその太い右足がグラウンドの立て看板を蹴り破った。

結果がすべてだった。勝ちさえすれば、どんなプロセスでもかまわなかった。吉田は「ヤマハらしいサッカー」を脇に置いた。ボールを奪われるリスクを避けるために中盤を省略し、ロングボールを前線に蹴りこんだ。

蹴りこまれるボールを待ち受けていたのが実質的ワントップの中山だった。開幕から7試合で6試合にゴール。第5節の中央防犯との試合では5ゴールを入れた。

ヤマハ発動機が中山が在学中の筑波大学と練習試合をしたときのことだった。実力の差は大きく、ヤマハ発動機が3点取ったが、中山はさいごまでまったくあきらめようとしなかった。すごいやつだな。森下と吉田の驚きは、いっしょに戦うようになってからますます大きくなっていった。中山はどんな状況でもあきらめなかった。どんな選手を相手にしても怖がらずに競り合った。1タッチ、2タッチ、早く、高く、ボールと相手の間がないに等しい空間に鼻先をこじ入れようとした。

自陣のゴールに向かってはずむボールを石崎が追いかけ、石崎の背後から中山がボールを追った。

中山がスプリントを開始してから9歩目、石崎に追いついたとき、ボールがツーバウンド目をきざんだ。

すこし背中をまるめた中山は石崎の前に鼻先をこじ入れ、頭でボールを東芝ゴールに向けて押し進めた。

つぎの瞬間、2500人が目撃したのはまぎれもなくラグビーのタックルだった。

中山の腰に腕をまわし、しがみつく石崎。ペナルティキックを獲得することなど、まったく頭にないかのように石崎を引きずりながら前進する中山。ついに振りきられた石崎の身体は、地面に落ち、はずみ、1回転した。

ペナルティエリアに入った中山はゴールキーパー茶木《ちゃき》裕司《ゆうじ》からふたたびラグビーのタックルを足首に受け、わずかにバランスをくずしたが、左にかわしてVゴール。

海老名運動公園陸上競技場に高く力づよい声が響いた。

「おれがジュビロの中山だ〜!」

中山は18試合で18得点を上げ、ジュビロ磐田は14勝4敗、フジタにつぐ2位でシーズンを終了した。

吉田の記憶にもっともつよく焼きつけられたのは中山のうしろすがただった。それまでそんなふうに味方に完全に背中を向ける選手を見たことがなかった。それ以後もなかった。

森下がさいしょに思い出すのは、ゴールを決めたあと、一目散にもどってくる中山のすがただった。切り替えの早さにいつも感心させられた。

中山がいなかったらJリーグ昇格を賭けた戦いを勝ち抜くことはできなかっただろう。吉田と森下は思った。だけれど、すこし無理をさせすぎたかもしれない。

1993年(平成5年)11月16日火曜日の夕刻、避難勧告など、市民の安全、財産に関わることのみに使われるものと規定されている磐田市の同報無線のスイッチが入れられた。

——ジュビロ磐田がJリーグに昇格しました——

市内数カ所で50発の花火が打ち上げられた。歩行者天国になった県道磐田停車場線、愛称〝ジュビロード〟は昇格を祝う人々で埋め尽くされた。磐田市役所の広報誌号外が配られ、餅や酒がふるまわれた。熱と歓喜に秋の空気の冷たい芯が解けた。

中山はジュビロ磐田が合宿を行なっていた〝ヤマハリゾート〟でマイクの前に立った。

「負けられない試合ばかりの、ほんとうにきびしい1年でした。このチームでJリーグに入れたことがほんとうにうれしいです。このシーズン、日本代表で活躍できたのもジュビロ磐田にのこってがんばった結果だと思います」

潮に逆らって泳ぎつづけた。いくら泳いでも岸にたどりつけないような気分だった。インタビューを終えた中山は思った。ようやくスタート地点にたどりつけた。ここからほんとうの戦いが始まる。遠まわりしている間に開いてしまった差を、すこしでも早く縮めたい。

腹部に張りを感じたのは待ち望んだ新しいシーズンに向けて練習しているときだった。やがて張りは痛みに変わり、シュートを放ったときに激痛が走った。

1994年(平成6年)3月12日、3年間の遠まわりを経てJリーグにデビュー。1週間後の3月19日、ヴェルディ川崎戦の前半36分、左サイドから送りこまれたセンタリングに反応し、相手ディフェンダーの間に走りこんでヘディング。ボールは一歩も動くことができないゴールキーパーの左横を通り抜け、初ゴールが生まれた。

やっと上がれたJリーグを休みたくない。がまんしてプレイをつづけるうちに痛みはますますひどくなっていき、寝返りを打つことも苦痛になった。

試合の翌日から3、4日はグラウンドの周囲をジョギングすることしかできなかった。試合の前々日もしくは前日に全体練習に参加し、痛み止めを打って試合に出場した。試合が終わると足がふらついてまっすぐ歩くことができなかった。

開幕から出場をつづけ、3得点を上げた中山は、4月27日の名古屋グランパスエイト戦をさいごについにチームを離れた。

病院の診断の結果はサッカー選手に多い恥骨結合炎だった。骨シンチグラフィー検査を行なうと疲労骨折寸前の状態だった。恥骨結合炎には積極的な治療法はなかった。安静にして炎症が消えるのを待つより方法はなかった。

日常生活にも支障をきたすような状態だったから、リハビリといっても、毎日、プールのなかを歩くことしかできなかった。朝起きると痛みが薄らいでいることもあったが、翌日になると、またもとの状態にもどった。4カ月経っても5カ月経っても痛みは消えなかった。Jリーグのニュースが途切れることなく伝わってきたが、自分がサッカーをしている状態を思い浮かべることがまったくできなかった。骨折のほうがましだ。不安と腹立たしさのなかで思った。いったいいつ復帰できるのだろう。

似たような痛みを抱えた選手が、ドイツで手術を受け、復活したという話が耳に入った。恥骨結合炎には手術という解決法はなかったので自分には関係のないことだとは思ったが、チームにすすめられ、なにもしないでいるよりはいいと日本を離れた。

診断の結果はグローインペイン・シンドローム(鼡径周辺部痛症候群)だった。恥骨結合炎は痛みのほんとうの原因ではなかった。グローインペインは日本ではおもに子どもの病気だとされていたため、スポーツ界での認識は薄く、見落とされていたのだった。

左右3カ所、筋肉から腹膜が飛び出している部分を修復手術し、2カ月間、リハビリを重ねて帰国。

1995年(平成7年)3月22日、ガンバ大阪戦。ヘディングでゴール右隅にボールをたたきこんだ中山は、大きく飛び上がり、右のこぶしを空に突きあげた。通算4つめ、343日ぶりのゴールだった。

011

黙らせてやる

機関銃に守られながらスタジアムに入った中山雅史は、いつものように左足からスパイクを履き、いつものようにすこしきつめに靴ひもを締め、いつものようにソックスをきちんと引き上げ、ロッカールームを出た。

蛇腹に覆われた薄暗い通路がピッチにつづいていた。まぶしいほどのナイター照明に照らされたピッチは、歌、歓声、怒号、口笛、無数の爆竹の音に埋め尽くされていた。

中山は通路の出口のそばにあった箱に腰を下ろすと、うつむき加減に目を閉じ、逆光のなかでじっと動かなくなった。

発煙筒、飛べないように縛り上げられ、ペンキでジュビロの青に塗られた鳩、トマト、カセットテープ、石、コイン。観客席からさまざまなものが投げこまれ、雨のように蛇腹をたたいた。

1999年(平成11年)4月30日、アジアクラブ選手権決勝。対戦相手は強豪エステグラル・テヘラン(イラン)。

アジアクラブ選手権が〝アジア最強クラブ決定戦〟として注目されるのはのちのことで、このときは日本サッカー協会からもほとんど関心を持たれていなかった。対戦相手についての情報はなく、チャーター機の用意もなく、出場チームの日程に対するJリーグの配慮は無いに等しかった。すべてが手探りで、手作りだった。

成田空港から30時間かけてテヘランにやってきたジュビロ磐田の選手を待ち受けていたのは、標高１３００メートルの希薄な空気と10万人収容のアザジスタジアムを埋め尽くす12万のエステグラル・サポーター。

観客席の片隅に現地に住む約１００人の日本人。日本からジュビロ磐田サポーターのひと組の夫婦が駆けつけたが、女人禁制のために夫人はスタジアムに入ることができなかった。

投げこまれたコインのひとつがピッチに出たヤマハフットボールクラブ代表取締役社長、荒田《あらた》忠典《ただのり》に当たり、額を血が伝った。

「やってやろうぜ」シルエットが立ち上がり、蛇腹に覆われた通路に力づよい声が響いた。「黙らせてやる」

エステグラル・テヘランの高い個人技とスピードとサポーターの地鳴りのような声援に押されつづけたジュビロ磐田だったが、ゲーム前半、鈴木秀人《ひでと》が先制し、中山が決勝点になるゴール。

後半に入り、両手でしがみつき、スパイクで踏みつけてくるエステグラルを振りきり、タイムアップ。

エステグラルの選手たちはピッチに泣きくずれ、アジアチャンピオンは機関銃を持った兵士にガードされたロッカールームに駆けこんだ。

3時間後、スタジアムから解放されたジュビロ磐田の選手たちは、5日後の鹿島アントラーズ戦のために急いで荷物をまとめた。

テヘランからドイツのフランクフルトに飛び、2時間の乗り継ぎ時間をはさんで日本へ。約24時間後、5月3日の夜更け、磐田に帰り着くと、寮の前にサポーターが作った優勝を祝う旗が揺れていた。

翌日の午前中に軽く練習をして、午後、東京に向かい、ホテルに宿泊。

5月5日、鹿島アントラーズ戦。

鹿島アントラーズは7位。ジュビロ磐田は7勝1敗と首位を走っていたが、対戦成績ではアントラーズに圧倒されていた。ジュビロ磐田が優勝した1997年(平成9年)はレギュラーシーズン全敗。翌1998年(平成10年)はチャンピオンシップも含めて5戦全敗だった。

左腕に黄色いキャプテンマークを巻いた中山は満員の国立競技場を見渡し、チームに言った。

「Jリーグの未来のためにも、恥ずかしい試合はできない」

37分。左サイドから走りこんできた20歳の小笠原満男《おがさわらみつお》がJリーグ初ゴール。

ジュビロ0－1アントラーズで前半が終了。放ったシュートの数は鹿島アントラーズ8本、ジュビロ磐田1本。

後半も鹿島優勢。このまま押しきるかと思われた84分、ゴールやや左寄りからのフリーキックを名波浩《ひろし》が同点のゴール。

15分ハーフの延長戦に入ると、両チームの疲労の色が加速度的に濃くなっていった。ディフェンスの足が止まっているのに攻めきることができなくなっていった。

「しかけ」も「くずし」もなくなり、ひたすらシュートを蹴り、ひたすらはね返す、ボクシングのノーガードの打ち合いのような展開になった後半6分、満員のスタジアムに歓喜と落胆が交錯した。

シュートを放ったあと、ピッチに大の字になったまま動かない藤田俊哉にさいしょに飛びついたのは中山だった。川口信男《のぶお》と名波がつづき、ジュビロ磐田の10日間3万キロの旅に勝利の終止符が打たれた。

「勝つという経験が自信になり、力になる。どんなに良い試合をしても、負ければタラレバになってなにものこらない。たしかに相手のほうがボールのキープ率は高かったけれど、勝利をもぎとったという事実はすごく大きかった。『よし、つぎも勝てる』という自信になった。この鹿島戦はジュビロの歴史における大きなターニングポイント、2001年（平成13年）、2002年（平成14年）のチームにつながっていく試合になったと思う」

藤田の決勝ゴールを引き出したのは、自分が相手ディフェンダーに競り勝ってヘッドで落としたボールだったということを中山はまったく覚えていなかった。

012

ぜったいに勝つぞ

ワールドカップ・フランス大会出場を賭けて戦う中山さんを、テレビに向かって応援していた。ジュビロ磐田はもちろん、日本を代表する選手だったから、近寄りがたいひとだと思っていたが、入団してみたら、まったくそんなことはなかった。試合で2トップを組むことが多かったが「こうしろ」と言われたことは一度もなかった。いつも「好きなようにプレイしていいよ」と言ってくれた。「いまのどうだった?」と意見を求められることもあった。チームでいちばんすごいひとがいちばん謙虚だった。

1975年(昭和50年)4月10日生まれ。新潟県三条市出身。実直で快足のストライカー川口信男は、1998年(平成10年)に順天堂大学からジュビロ磐田に入団した。このシーズン、中山雅史は4試合連続ハットトリックを達成。ワールドカップ・フランス大会に出場し、ジャマイカ戦で日本人初ゴール。試合中に右脚腓骨《ひこつ》を亀裂骨折し、松葉杖《まつばづえ》で帰国。中山不在のまま臨んだナビスコカップの決勝戦、川口が2得点を上げ、ジェフユナイテッド市原をくだして優勝。川口は同大会のMVPに選出された。骨折から約2カ月後に復帰した中山は36得点を上げてシーズンを終了。チームは2

位に終わったが、中山はリーグ得点王、ベストイレブン、ＭＶＰを獲得した。

――チームでいちばん年上なのに、中山さんはいつも練習の先頭に立っていた。いちばん速く、いちばん息を上げ、いちばんきつい状態で走りつづけていた。だれよりも早くグラウンドに来て、さいごまで残ってトレーニングをしていた。

ウォームアップのストレッチができないほど両ひざの状態は悪かったが、試合になると、だれよりも走り、だれよりも激しくプレイした。負けることが大きらいだったが、いいわけはもっときらいだった。ぜったいに怪我のせいにしなかった。

なっちゃん（名波浩）、トシヤさん（藤田俊哉）、ハット（服部年宏）たちがいつも言っていた。「中山さんがあんなにやっているんだから、おれらがやらないわけにはいかないだろう」

「ぜったいに勝つぞ」中山さんがチームにかけるひとことに、こころ、身体、技術、戦術、戦略のすべてが入っていた。うまいけれどうまいだけのチームではなかった。つよいけれどつよいだけのチームではなかった。いっしょに戦うことができてほんとうに幸せだった。

013

なんといっても日本代表、なんといってもワールドカップ

1994年(平成6年)のワールドカップ・アメリカ大会出場をめざす日本代表の平均年齢は約29歳。26歳の中山雅史は次第に固定されていくレギュラー組を見上げながら思った。

紅白戦だろうがなんだろうが、やる以上は勝ちにいく。対戦相手のフォーメーションで戦わなければならないことや、怪我をさせてはいけないという約束はあるが、勝ってはいけないというルールはないはずだ。ぜったいにレギュラー組にひと泡吹かせてやる。サブの生きざまを見せてやる。

アジア地区最終予選直前に行なわれた合宿での紅白戦。コーチの清雲栄純《えいじゅん》も選手登録したサブ組はレギュラー組との紅白戦で2戦2勝。スコアは4－1、4－3。サブ組の本気はレギュラー組の雰囲気を変えた。危機感と緊張感のなかでよりひたむきになり、その姿勢はサブ組を納得させ、チームの一体感は深まっていった。

1998年(平成10年)のワールドカップ・フランス大会に出場した日本代表チームの平均年齢は約25歳。最年長はゴールキーパーの小島伸幸《のぶゆき》で32歳。30歳の中山雅史と井原正巳《まさみ》が小島につづいた。

ジェットコースターのようなプロセスを経て、ジョホールバル（マレーシア）で出場権を手に入れた日本代表チームだったが、本大会に入ると、レギュラー組とサブ組の間に温度差が生じ、広がっていった。

中山の立場は4年前と正反対だった。年長で中心選手だった。チームに対してなにかしなければならないと思いながら、目前の敵に立ち向かうことでせいいっぱいの日々が過ぎていった。

サブ組はやる気を失っていたのではなく、レギュラー組に気持ちよくボールをまわさせようと自分たちの気持ちを抑えていたのだということを知ったのは、ワールドカップが終わってしばらくしてからのことだった。気を遣わせてもうしわけなかった。中山は思った。だけれどぼくに気遣いは必要ない。

2002年（平成14年）5月14日、日韓ワールドカップ直前に行なわれたノルウェーとの親善試合、平均年齢24歳の日本代表チームは0－3と完敗。

直後の17日、監督のフィリップ・トルシエは最終登録メンバーに34歳の中山雅史と

31歳の秋田豊を加えることを発表した。

中山はアメリカ大会アジア最終予選の〝ドーハの悲劇〟、フランス大会、日韓大会を経験するただひとりの選手となった。背番号は10。中田英寿は言った。「ゴンちゃん、似合わねぇーよ」

笑っているかと思えば、突然怒り出す。トルシエは感情の起伏が激しく、どうしてそうなるのか理由がわからないことが多かった。加えて、根底にわたしを監督に選んだのはわたしではないという種の開き直りがあった。

若いチームにはフラストレーションが溜まっていた。大会が終わったらトルシエを殴らなければ気がすまないという選手もいた。

チームの内情を伝え聞いた中山は思った。なんといっても日本代表、なんといってもワールドカップ。どんな役割だってやる。

おれがやっているのに、おまえたちはそれでいいのか? 中山は二分されたチームの空気をかきまわすために、先頭に立って身体を動かし、声を出しつづけた。言いつづけるために、言いつづけることのできる自分であろうとした。

アメリカ大会のときは試合に出るために戦い、フランス大会では相手チームに勝つために戦ったが、トルシエ・ジャパンでの立場はサブ組でもレギュラー組でもなかった。目に見えないものと戦わなければならず、戦いに勝っても試合に出られるわけではなかった。

がんばれ。中山は自分に言った。がんばりきれば、きっと自分も成長できる。チームのためにがんばれ。自分のためにがんばれ。

2002年(平成14年)6月14日、金曜日。大阪・長居スタジアム。ワールドカップグループリーグH組、日本対チュニジアの一戦は夏の匂いのする空気のなかで始まった。

後半30分。右サイドからドリブルで切れこんだ市川大祐《だいすけ》がセンタリング。ファーサイドから上がった中田英寿のダイビング・ヘッドがゴールキーパーの股間を通り抜けた瞬間、日本代表のH組1位、決勝トーナメント進出は事実上決定。スタジアムの熱気は沸点を振りきった。

チュニジアのゴールネットが大きく揺れるのを見届けた中山は、人工芝の上で立ち止まり、こぶしをぎゅっとにぎりしめた。それから、ほかの選手たちに向かって両腕を鳥の翼のように広げた。

ウォームアップを中断したサブの選手たち――秋田豊、服部年宏、三都主《さんとす》アレサンドロ、福西崇史《たかし》、西澤明訓《あきのり》、小笠原満男――は呼ばれるのを待っていたかのように翼の下に集まり、輪になって肩を組み、額を寄せ合った。

「よし、ここからだ」。中山はひとりひとりの顔を確認し、つづけた。「油断しないでいこう」

10秒ほどで輪は解けた。

直接的には約5万の、テレビを介して無数の視線がピッチに注がれているさなかの、神聖な儀式のようなできごとだった。

日韓ワールドカップ直前、日本代表が静岡県袋井市で合宿を行なっていたときのことだった。

「中山には自分が試合に出られなくてもチームをまとめる力がある」

荒田忠典がトルシエに尋ねた。

「どうして、さいしょから日本代表に選ばなかったのでしょう」

1995年(平成7年)にジュビロ磐田の代表取締役社長に就任した荒田は、大胆な投資と的確なマネージメントで1997年(平成9年)に悲願の初優勝を達成していた。

「…………」

トルシエはめずらしく素直に、後悔の表情を浮かべたのだった。

014

1年365日、途切れることがない

すべては欲から始まる。向上心も欲。こうなりたい、こうしたいという欲が身体を動かし、願いをかなえるのだと思う。

なにより一瞬一瞬の勝負に100パーセントの状態で臨みたい。そのために、ウォームアップをしっかりやりたい。いいウォームアップをするためにストレッチを十分にやりたい。いいウォームアップ、ストレッチをするために、コンディションを整えておきたい。

天才は感覚で準備の方法を変える。あるいはまったく準備をしなくても試合にすっと入ることができるが、ぼくにはできない。

だから走る。コンディションを整え、いいストレッチ、ウォームアップをして100パーセントで勝負に臨むために、毎日走る。

もしかしたら、やりつづけることで安心したいのかもしれない。それがぼくのよわさなのかもしれないとも思うが、でも、走らないと気持ちが落ち着かない。

昨日の夜から、今日走ることを考えていた。今日の夜、明日走ることを考える。明日の終わりに、明後日走ることを考える。疲れていても、雨が降っていても、走りたくなくても走る。

走らないと遊ぶ気になれないことがわかっていたから、オフに家族とハワイに行ったときもトランクにジョギングシューズを入れた。

遠征先で川沿いや海辺を走ったり散歩したりするのは、コンディショニングのためだけではない。水辺の生き物を見つけるとゴールすることが多いからだ。新潟の港でバケツにハゼが3匹いるのを見た日、初めてのハットトリックを達成した。亀も縁起がいいけれど、大阪であまりにたくさん見たときは、ありがたみがすこし薄れた。

ゴールを入れたくて、気持ちを盛り上げたくて、験を担ぐ。増えすぎて時々整理するけれど、いつのまにか増えている。

サッカーを中心に生活がまわり、すべてはつながっている。1年365日、途切れることがない。途切れさせることができない。

015

偶然を必然に追いこみたい

考えなくても身体が自然に動くことがいいのか。考えながらプレイし、選択するのがいいのか。どちらがいいのかすごく迷う。身体が自然に動いてゴールを入れたときも、繰り返し練習してきたことが身体にしみこみ、無意識のうちに出てきたのか、たまたま出た動きだったのか悩む。

ゴールを入れても、たまたまだったのではないかと思うとくやしい。動き出しの質が良くなったと言われても、それを自信にしてしまっていいのか、すごく不安に感じる。

すべては偶然。同じボール、同じ状況は二度と来ない。経験がそのままつぎに生きることはない。だが、だからといって経験をあいまいなままにしておけばつぎはない。天才は経験に頼らず、ひらめきでプレイできるのだろうが、ぼくは天才ではない。つねに目の前の練習に集中するしかない。

やりつづけ、やりつづけ、やりつづけ、やりつづけること。一本一本を身体にきざみこみ、100万分の1の確率を50万分の1に、50万分の1を25万分の1に変え、偶然を必然に追いこみたい。

ワールドカップ・フランス大会アジア第3代表決定戦。ジョホールバル(マレーシア)でのイラン戦の前半終わり間近、ヒデ(中田英寿)からのスルーパスでゴールキーパーと一対一になったときだった。

これは何度も繰り返し練習したケースだ。ゴールに向かいながら思った。練習通り左足のインサイドで左に流そう。

もし練習していなかったら、ゴールキーパーが予測していた右側に蹴っていたか、あるいは思いきり蹴っただろう。あれは必然とまではいかないが、偶然ではないと言いきれるゴールだった。

鳥の目を持つ選手になりたい。上からピッチを見つめながらプレイできるようになりたい。どれだけ偶然を必然に追いこんでも、ぜったいに届かないことはわかっている。努力が完結することも満足することもないのだろうが、あきらめることだけはぜったいにしたくない。

016

自信は積み重ねの
なかからしか生まれない

本番になったら本気でやるというスーパーな選手がいる。それができるのならすごいと思う。

でもぼくはスーパーじゃない。本番になったら本気でやるということはあり得ない。言いわけをしないためには練習のときから本気を積み重ねるしかない。自信は積み重ねのなかからしか生まれない。

ミスをしないために、いいわけをしないために、後悔しないために、チームが勝つために練習する。だけれど、どれだけ練習しても思うようなプレイができることはない。負けたあとはもちろん、チームが勝ったときも、試合のあとはいつもくやしい。

017

0・2秒ぐらい早かったかもしれない

「最初の1分も89分目もまったくおなじだ。いつでもどんなときでもチームのために自分のすべてを出している」

母国オランダを離れ、ジュビロ磐田にやってきたファネンブルグは中山雅史を見て思った。

「こんな選手は、見たことがない」

ジェラルド・メルフィン・ファネンブルグ。ポジションはミッドフィールダー。南米の選手のような自在な球さばきから、愛称は〝ジェラルディーノ〟。あるいは尊敬をこめて〝スティンクル(輝く足)〟。

16歳でアヤックスのトップチームにデビュー。すぐにレギュラーを確保し、3度のリーグ優勝に貢献。18歳でオランダ代表入り。1986年(昭和61年)にPSVアイントホーフェンに移籍。在籍7シーズンでリーグ優勝5度、ヨーロピアン・チャンピオン・クラブズ・カップ優勝、トヨタカップ優勝。数々のクラブチームからオファーが舞いこんだが、まったく興味を示さなかった。

「知らない世界、新しいことにトライしたい」

1993年(平成5年)、日本代表監督だったマリウス・ヨハン・オフトに誘われ、

ＰＳＶアイントホーフェンとの終身契約を破棄してＪＦＬで戦っていたジュビロ磐田に移籍。とび抜けた才能でほとんどすべての栄光を手にしていたファネンブルグは、東洋の片隅にすばらしい選手がいることに驚かされた。

「ナカヤマはヨーロッパでも十分に通用する力を持っている。いつでもファイターだけれど、ピッチから出るとがらりと変わる。バスから降りるといつも大勢のひとに囲まれて見えなくなる。単に人気があるというのではない。人々に愛されている」

１９９５年（平成７年）、右ひざの十字靭帯を断裂、手術後の回復が思わしくなかったファネンブルグはオランダに電話をかけ、信頼するフィジカル・セラピスト（理学療法士）、マルコ・ファンデルスティーンに助けを求めた。

「頼む、日本に来てくれ」

フィジカル・セラピスト、通称フィジオは日本ではまだなじみが薄かったが、ヨーロッパのスポーツの現場では欠かせない存在だった。選手の怪我の予防とリハビリを担い、解剖学を始め、医学についての専門知識が求められた。オランダでフィジオの資格を取るためには理学療法士の専門学校に２年半通い、半年間のインターンシップを経て国家試験に合格しなければならなかった。

マルコにとって最大の幸運は専門学校に在学中、アムステルダムにある有名なサッカー選手専門のクリニックを手伝う機会を得たことだった。ディエゴ・マラドーナを始め、世界のトップ・プレイヤーと接するうちに、サッカーに対する知識と愛情はいよいよ深まっていった。

国家試験合格後、スポーツ全般を扱うクリニックで経験を積んだのち、独立。ファネンブルグから助けを求められたのは、開業したクリニックにドイツやオランダのトップ・プレイヤーが足を運ぶようになったころだった。

ジュビロ磐田からの電話は増える一方で、やがて1年の3分の1を日本で過ごすことになった。1997年(平成9年)、マルコはクリニックを知り合いに預け、家族とともに日本に移り住むことを決意。ジュビロ磐田と契約を結び、97年シーズンのトレーニング・キャンプから中山の身体をケアすることになった。

「パーソナリティは最高だったが身体は最悪だった」

前年の11月、手術で半月板を削った中山の右ひざは信じられないほどおそろしい状態だった。大きく腫れ上がり、まっすぐに伸ばすことも深く曲げることもできなかったが、それでも中山は休もうとはしなかった。

監督のルイス・フェリペ・スコラーリはマルコの顔を見るたびに言った。

「早く復帰させてくれ。ナカヤマはプレイしなければならないんだ」

ファネンブルグが話してくれた通りだ。マルコは思った。だれもがナカヤマに100パーセントを求め、ナカヤマはいつも自分に200パーセントを求めている。もし試合に出せば、こんな状態でもきっといつものように全力で走り、スライディングをするだろう。だけど、そんなことをしたら、さいしょの20分で十字靭帯が切れてしまうかもしれない。

マルコと中山はチームを離れ、リハビリを始めた。長いときは朝9時から始め、夜10時までジムで過ごすこともあった。

「オーケー、1時間休息を取りましょう」

「えっ？　どうして？」

中山はものすごく驚いたような顔で言った。

「どうして休まなくちゃいけないの？　やろうよ」

ある日、突然、やってきたオランダ人が、自分を信じてくれと言っても、信用できるはずがない。マルコは思った。リハビリでいちばんたいせつなのは信頼関係だ。どうしてそうしなければならないのか、どうしてそうしてはいけないのか、ひとつひとつのメニューの理由をていねいに説明し、急がず、時間をかけてナカヤマの信頼を得よう。

「明日は休みましょう」

「休み？　どうして？」

マルコはリハビリのプログラムを見せて説明した。

「身体を休ませなければ、リハビリの効果は上がりません」

「いや、やろう」

「休みましょう」

「やらないよりやったほうがいい。やろう」

「お願いです。休んでください」

「ぼくはサッカーがしたいんだ」

オール・オア・ナッシング。すべてに関して生きるか死ぬか。それまで出会った選手のなかに似たタイプはひとりかふたりいたが、ナカヤマのようにサッカーにすべてを注ぐ選手を見るのは初めてだった。

ふたりだけで過ごす時間が2週間を超えたころだった。

マルコが見本を見せながら説明した。

「つぎは両ひざを支える筋力を鍛えるための、すこし特別なエクササイズです。こうやって両ひざに負荷をかけた状態で1秒間静止してください」

しばらくすると中山がマルコのところにやってきて言った。

「ごめん、マルコ」

「なにがですか?」

「足を下ろすのが0・2秒ぐらい早かったかもしれない」

「ダイジョーブ」マルコが覚えたての日本語で答えた。「いつもやりすぎだから、そういうときがあったほうがいいです」

3週間が過ぎた。

「明日は休みましょう」

「わかった。マルコがやらないほうがいいって言うんなら休む」中山はくやしそうな顔でつづけた。「ぼくはやれると思うんだけど」

やがて中山はピッチにもどり、ふたたび200パーセントで走り始めた。

試合の翌日、リカバリートレーニングで５０００メートルのジョギングを行なうとき、何人かの選手は４０００メートルでやめたが、中山は1万メートル走ろうとした。それを止めるのはマルコにとってもっともむずかしい仕事だった。

中山は毎日いちばん早くトレーニングルームにやってきて、いちばん遅くまでのこった。身体になにか変化が起きると、すぐマルコのところにやってくるようになった。

「これはなに？　ぼくはあと10年はプレイしたいんだ。調べてよ」

「ダイジョーブ」マルコが笑いながら答えた。「蚊に刺されただけです」

018

自分が4、5人ほしい

このままなにもしないと、よけいなものが身体のなかに溜まってしまいそうだ。朝、目が覚めた中山雅史は、前日の夜、たくさん食べたことを思い出して落ち着かない気分になった。

もうすぐシーズンオフが明け、練習が始まる。身体を動かしておかないと、動き始めがつらい。それに急に激しく動くと故障するかもしれない。

休むときはなにもしないでしっかり休んだほうがいい。フィジカルコーチが言うことは頭では理解できる。使わなければ筋肉を休ませることができるし、動けば負荷をかけることになるのはわかるけれど、どんなに疲れていても、サッカーを思うとじっとしていることができない。自分が4、5人ほしい。休まない自分と休む自分をくらべてみたい。

2000年(平成12年)1月。ジュビロ磐田の約1カ月間のシーズンオフが明け、チームにもどってきた選手たちの身体にはうっすらと脂肪が乗っていた。中山の体重も1キロ増えていたが、体脂肪率はフィジカルコーチの菅野淳《かんのあつし》の予想に反して0・2パーセント減少していた。

中山の体脂肪率はいつも7パーセント前後で平均よりも少なかった。脚を断層撮影すると断面図に脂肪がほとんど映らないほどなのだが、シーズンオフの間、さらに身体を絞り、筋肉の量を増やしてもどってきたのだった。

ウォームアップのランニングが始まると、中山はいつものようにチームの先頭を走りつづけた。左右の肩を結ぶラインはつねに地面と水平に保たれ、上下にぶれることがない。腰の位置もまた上下に揺れることなく、芝生からほぼ一定の高さを保ちつづけている。ほかの選手にくらべると歩幅はやや狭く、その足の運びにはまったくと言ってよいほど無駄が見られない。股関節、ひざ、そして足の裏を結ぶ線がつねにまっすぐに保たれ、青々とした芝をはずむように踏み蹴っていく。

32歳の中山の体力はまだ上昇カーブを描きつづけていた。筋力や持久力といったある特定の能力が突出しているのではなかった。ジュビロ磐田が定期的に行なう15項目のフィットネステストのすべての数値がチームのトップレベルだった。

走りかたが端正なのは、身体能力のバランスが取れていて、なおかつ力を逃がさずにうまく使うことができるからだろう。菅野はそう理解していた。

菅野のフィジカルコーチとしての仕事は、選手にトレーニングをうながすことだったが、中山に関しては引き止めることが仕事だった。すぐに100パーセントを超えてしまい、しかも超えているという自覚がないからだった。

サッカーに必要な走力には、瞬間的なスプリント、乳酸が溜まる20秒間から60秒間の無酸素系のランニング、酸素を取り入れながら長距離を走る有酸素系のランニングの大きく3種類がある。チームの現状と目標とを見極めながら、これら3つを組み合わせてメニューを作るのだが、中山はしばしば菅野のトレーニングのねらいから飛び出した。たとえば持久力を鍛えるための有酸素系のトレーニングなのに、ひとりスピードを上げて無酸素系の世界に走り去ってしまうのだった。

「気持ちはわかるけれど、もうすこしスピードを抑えてくれないか。これは有酸素系のトレーニングなんだ」

たいてい驚いたような声がもどってきた。

「えっ、もう超えているの？」

ブレーキをかけずに限界を超えてしまうプレイヤーを見るのは初めてだった。

精神的なものにしても、肉体的なものにしても努力は苦痛を伴うものだが、中山はそれほど苦痛を感じていないように見えた。言葉にすれば努力の天才ということなのだろう。菅野は思った。怪我で身体を休めることがなかったら、自分で自分の身体を壊してしまったかもしれない。

練習が終わると、中山は重さ５キロのメディシンボールを抱えてグラウンドの片隅に陣取った。腹筋50回を２セット、背筋を40回、両脚を地面から浮かした状態での上体の左右へのツイストを50回。菅野の指示ではなく、自分で決めたことだった。

さいごにグラウンドを出て、さいごに身体のケアを終えた中山は、この日も待ち受けていたファンに一度も首を横に振らなかった。差し出された色紙、写真、ユニフォームに35回マジックを走らせ、18枚の写真に収まり、クラブハウスをあとにした。

019

自分の見方だけで判断してはいけないのだとも思う

黒ずんで見えるほどに深く晴れ渡った空。肌をチリチリと刺す太陽。2005年(平成17年)6月、ミクロネシアのなかでもっとも大きな島、グアムのほぼ中央の山中に切り開かれた広大なリゾートでジュビロ磐田のキャンプは行なわれていた。中山雅史が大学を卒業してから16年目のすこし早い夏だった。

キャンプ中盤にさしかかったこの日、ウェイトトレーニング・ルームの空気は、中山がいる場所をのぞいて、ざわつき、ゆるんでいた。どの選手の顔も、蓄積した疲労と容赦のない日ざしにうんざりしているように見えた。ただひとり、中山だけが、怒ったような顔でトレーニングマシンに取り組んでいた。

あと何回だろう。中山は頭に浮かんだ思いをすぐに打ち消した。ウェイトトレーニングはジャガイモの皮むきのように単調で、どうしても残りの回数が気になるけれど〝こなす〟ではいけない。一回一回、集中しなければ意味がない。

――そんな適当なトレーニングだったらやらないほうがましじゃないかと、周囲の選手の取り組みかたが気になることもある。自分の見方だけで判断してはいけないのだともも思う。ぼくにとってはすごく必要なトレーニングだけれども、その選手にとっては必要ないのかもしれない。すでにそういう筋力が備わっているのかもしれない、あるいはそういう筋力がなくてもプレイできるのかもしれない。

すでに何度も質問され、メディアに何度も書かれていることを聞いてくる記者がいる。調べればすぐにわかることをどうして質問するのだろう、不勉強だなと思う一方、決めつけてはいけないのだとも思う。その人なりの理由があるのだろうし、もしかするとサッカーやぼくに興味がないのに仕事だから来なければならなかったのかもしれない。

だれにも波があるし、理由がある。ぼくにも気持ちが乗っているときと、乗りきれないときがある。乗りきれないときに、立て直す努力を徹底できているかというと、そうは言いきれない。人のことを評価する前に自分がやらなければならないことを、しっかりやりきることだ。

やがて選手たちは、数人がひとかたまりになり、話し、笑いながら出ていった。静まりかえったウェイトトレーニング・ルームに、中山のうなり声がいつまでも響いた。

020

最新や快適に慣れたくない

読売サッカークラブの選手の意見を参考に作られた〝パラメヒコ〟に中山雅史の「ポイントを高くしてほしい」というリクエストが取り入れられ、1995年（平成7年）に誕生したサッカーシューズ〝パラメヒコ・デュエ〟。下からの突き上げを分散させるためにパラメヒコのソールを部分的に盛り上げ、その上にすこし長めの固定スタッドをセット。ソールからポイントの先端までの長さはパラメヒコより4ミリ長い14ミリ。スタッドの赤は、中山がラッキーカラーとしてずっとこだわりつづけている色だった。

スタッドの形状はどのようなプレイにフォーカスするかによって異なる。ボールコントロールを重視する場合は、一般的につま先寄りのスタッドを低めに設定し、先端をななめにカットしてボールの下に入れやすくするが、パラメヒコ・デュエのスタッドは形も高さもすべておなじ。芝をしっかりとらえ、すばやい動き出しを可能にするためだった。

タンの部分に〝GON〟の文字の刺繍《ししゅう》が施されている点をのぞけば、中山が履いているパラメヒコ・デュエは市販されているものとまったくおなじだが、自分専用の特注品でなければだめだというJリーガーは少なくなかった。プーマの場合、ソールの形状を始め、幅、高さ、ソールのサイズ、かかとのカップの大きさ、革の裁断、貼り合わせかたなど、ほとんどすべての変更が可能だが、手を加えればかならず良くなるというわけではなかった。

中山のほかに約50人のJリーガーを担当しているサービスマンの経験則によれば、調子があまり良くない選手ほど要求が細かかった。シューズのせいではないのにシューズのせいだと思いこむ傾向があった。

「ここがきつい」「フィット感が足りない」「もうすこし高く」「もうすこしルーズに」「前のほうが感じが良かった」……。

神経質になりすぎると、なにが良いのかわからなくなり、もとの状態にもどすことができなくなることもあった。

サービスマンは中山にここをこうしてほしいというようなことを言われたことは一度もなかった。加えて心配になるほど1足を長く履いた。1週間で新しいサッカーシューズに取り替える選手もいたが、中山は4、5カ月に1足の割合で、Jリーガーのなかではもっとも長かった。

中山は練習のときは基本的にパラメヒコ・デュエを履かなかった。とうにラインナップから消えたモデルを使っていることもあったし、最新のものを履くこともあった。

高級品志向はまったくなかった。激しく動くために硬めのものを使っているように思えたが、確信はなかった。なんでもかまわないと言ったほうが正しいのかもしれなかった。

――『こだわる』という言葉があるが、中山さんのシューズに対するこだわりは、ほかの選手のこだわりとは次元がちがう。サービスマンは思った。試合、練習を通して同じスパイクを履いたほうが自然だが、中山さんがたいせつにしているのは、きっとそういうことではない。中山さんはシューズに頼ってはいない。シューズを履くという行為は、きっとこれから始まるとくべつな時間のための儀式のようなものなのだ。

中山はクリーニングから上がってきたばかりのワイシャツのようにシワひとつないソックスをもう一度引き上げると、左足をパラメヒコ・デュエに滑りこませた。
試合前はだれとも話さないと決めたことがあった。だが、緊張している時間が長くなりすぎて、ロッカールームでふくらはぎがつってしまったことがあったのでその約束事はやめた。

シュートシーンを頭に浮かべることを習慣にしていたこともあったが、これもやめた。イメージ通りにシュートしたはずなのに、はずれてしまったからだ。

がんばりますから、神さま、力をください。そう思ったこともあったが、がんばるのはあたりまえだから、そんなことをしてもしょうがないと思った。

だけれど、左足からサッカーシューズを履くことは当分やめるつもりはない。中山はキュッキュッと靴ひもを引き、ていねいに結んだ。

このパラメヒコ・デュエは、きっといま、Jリーグでいちばん重いサッカーシューズだろう。わかっているけれど、軽くて扱いやすいシューズは履きたくない。最新や快適に慣れたくない。自分が弱くなってしまうようでいやだ。

ドアが開いた。サービスマンはロッカールームから出てくる選手たちひとりひとりと握手を交わし、声をかけた。

「がんばれよ」

さいごに中山がすがたを現した。サービスマンはいつものように一歩下がって、うしろすがたを見送った。怖くて試合前の中山にはどうしても近づけなかった。

021

足が止まってしまうのが怖い

競技場及びその周辺に大量に配置された過剰に権威的な警察官。ロシア代表のメンバー紹介に向けられた大音量のブーイング。

2002年(平成14年)6月9日、横浜国際総合競技場。日韓ワールドカップグループリーグ、日本対ロシアは、いまにもどこかで火の手が上がりそうな雰囲気のなかで始まった。

前半は0-0。

後半に入り、6分に稲本潤一がゴール。

日本の1点リードで迎えた後半15分、中央をドリブルで駆け上がった稲本にロシアがペナルティエリアの直前で確信犯的ファウル。フリーキックを得た日本は、中田英寿が直接ゴールをねらったが、ボールはクロスバーの上にそれた。

19という数字がナンバリングされたグリーンのビブス、いつものようにシワひとつなくたくし上げられたソックス。ロシアのゴール裏に立っていた中山雅史は、ボールの行方を見届けると、ピッチの横の辺に沿って走り始めた。いっしょに走る選手も、そばで見守るトレーナーもいなかった。

ピッチの横幅は約70メートル。周囲を囲む陸上競技用のタータントラックに飛び出さないようにするためには、後半はスピードをゆるめなければならなかったが、それでも約50メートルをトップスピードで走りきった中山は、ほとんどインターバルを入れず、反対側に向かってスタートを切った。

1往復、2往復。

怖い。中山は思った。ピッチに出たときに足が止まってしまうのが怖い。

トップスピードでスプリントを繰り返すと、一度は筋肉に乳酸が溜まって動けなくなる。スターティング・メンバーならなんとかごまかす時間があるが、リザーブに与えられる時間は短い。乳酸を除去する時間がもったいない。呼ばれたときにいつでもスッとゲームに入れるようにしておきたい。

長めのジョギングをはさんでふたたびスプリントを開始。3往復、4往復。

頭を左右に振り、もがくように中山は走りつづけた。

どんなに激しくやってもウォームアップはウォームアップ、試合以上にきつくなることはない。45分間、ずっとウォームアップをやりつづけてもかまわない。

5往復、ジョギングをはさんで6往復、7往復。

10年前のあの北朝鮮戦のような思いは二度としたくない。

1992年(平成4年)8月26日、北京で行なわれたダイナスティカップの北朝鮮戦。日本が4－1でリード。

ゲーム終盤、ウォームアップをするようにという指示を受け、ベンチから立ち上がって歩き始めると、日本代表監督マリウス・ヨハン・オフトの声が聞こえた。

「行くぞ!」

――えっ? もう?

81分、中山はこのゲームで2点取っていた高木琢也《たくや》と交代した。

あのとき、まったくウォームアップをしていない状態であわててピッチに入った。4、5分後、いいボールが裏に出て、行けると思ったが、エンジンがノッキングを起こした自動車のように足がぜんぜん前に出なかった。試合に勝ったから良かったけれど、パフォーマンスは最悪だった。日本代表からはずされてしまうと思った。

3日後の8月29日、北京工人体育場(中国・北京)。雨のなかで行なわれた韓国との決勝戦。試合が始まってまもなく、中山は陸上トラックに沿って走り始めた。0－1

とリードされた前半42分、オフトに呼ばれたとき、すでにトップスピードで10往復を走りきっていた。

敗戦目前の後半38分、中山の日本代表初ゴールで試合は振り出しにもどった。

――ラモス(瑠偉)さんからのパスをトラップしてゴールに向き合ったとき、世界にはゴールキーパーとぼくしかいなかった。あたりは深い霧に包まれているようだった。味方も相手もスタンドの観客も見えなかった。なにも聞こえなかった。

振り返ってみれば1秒にも満たない時間だったが、スローモーションのようにゆっくりと時が流れていた。

ぼくはものすごく冷静で、向かって右側のサイドが空いているのがわかった。いつもだったら思いきり打つような状況だったが、あそこをサイドキックでねらえば絶対に入ると思い、その通りにしたら入った。

冷静だったのはそこまでだった。入ったあとは興奮してなにがなんだかわからなくなった。

日本代表に必要とされる人材でありたい。代えのきかない選手になりたい。どうすればそうなれるのか。どのように自分を表現すればいいのか。ずっと考えていたが、わからなかった。結果を出すことができず、ぜんぜんだめだなと不安になっていた自分に自信をもたらしてくれたゴールだった。これまで通りの練習をやりつづければ、日本代表でやっていけるかもしれない。あのとき初めてそう思えた。

8往復、9往復。

与えられた時間を全力で走りきれなければリザーブで出る意味がない。

10往復。

1992年(平成4年)のダイナスティカップ決勝以来、自分のなかで目標にしてきた10往復を走りきっても、中山は足を止めようとしなかった。

やりすぎかもしれないが、ここはワールドカップなのだ。

後半27分、日本代表の選手の交替が告げられ、トルシエが中山に耳打ちした。

「守るために入ってもらうんじゃない。相手の裏をねらってほしい」

中山がサイドラインに駆け寄った瞬間、スタジアムを覆っていた殺伐とした雰囲気がかき消えた。

《オー、ナカヤマ。ナカヤマナカヤマ、ゴンゴール。オー、ナカヤマ……》

3回目のリフレインの終わり間際、中山がロシアのディフェンダーに激しいプレスをかけ、コーナーキックを獲得。ふたたびわき起こった中山チャントは5回繰り返された。

後半46分。後方からウォームアップのスプリントのようにスライディング・タックルに入った中山に警告。

直後、レフリーのホイッスルが鳴り響き、日本代表のワールドカップ初勝利が確定した。

「初勝利をメンバーとしてピッチの上で迎えられたのは幸せです。ファンの人々の期待にすこしでも応えたかったんですけど、なかなかうまくいかなくて。もっとアグレッシブにいきたかった。しっかりと準備をしたつもりでしたが、なかなか流れに乗れない部分もありました。しかし、チームが勝つということがひとつの目標でしたから、それを達成できたことは良かったと思います。自分のプレイがしっかりできるように、プラスアルファが出せるように準備していければいいと思います」

勝ててよかった。
試合後のインタビューを終えた中山は思った。
どんなにウォームアップをやっても、乳酸ていうのは溜まるものなんだな。

022

ほめ言葉はきらいだ

Ｊリーグ通算１００ゴールを達成したとき、ゲーム終了後、スタジアムの照明を落とし、スポットライトのなか、ピッチを1周するというセレモニーが企画されたが、もうしわけないけれどそんなに仰々しくしないでほしい、花束を受け取るぐらいにしてほしいと断った。

ぜいたくなことを言っているのはわかっていたが、１００ゴールは単なる通過点だと思っていた。まだまだ現役をやるつもりだったから、そこで祝われるのはちがうと思った。ほかのひとを祝うのは好きだけれど、自分がその場に立つのは恥ずかしすぎた。

１５０ゴールのときもそうだった。セレモニーは好きだが、１５０ゴールがそこまでされることだとは思えなかった。長く選手をつづけていれば１５０ゴールぐらいはいくだろう。チャンスの量を考えたら、ほかの選手なら簡単に２００ゴールを超えているだろうと思った。

ほめ言葉はきらいだ。照れくさいし、きっと自分をだめにする。

023

いつまでも〝ゴン〟をプロフェッショナルでありつづけさせたい

生きていくためにはなんらかの形で生活費を稼がなければいけない。そういう意味ではぼくにとってサッカーは仕事だが、お金を稼ぐためにサッカーをやっているのかと聞かれたら、そうではないと答える。

ボールを追いかけることを仕事だと思ったことは一度もない。サッカーは手段ではなく、小さいころからずっと目的だった。好きだからやりつづけていたら、思いがけず道が開け、Jリーグでプレイできるようになった。

自分のためにプレイするのがアマチュアで、まわりのひとたちに対する責任や影響力を考えてプレイするのがプロフェッショナルなのだと思う。サッカーを仕事だと思ったことはないが、ぼくはアマチュアではない。

すごいドリブルやシュートをすることだけがプロフェッショナルの証《あかし》ではないと思う。どんなにサッカーがうまくてもそれが自己満足の世界のものだったら、プロフェッショナルとは呼べない。サッカーができるのは、ファンを始め、支えてくれるひとたちがいるからだということを忘れてはならない。

たいせつなのは毎日サッカーができることに感謝すること、試合はもちろん、練習でもベストの自分を表現する努力を怠らず、つねに気を抜かずにプレイしつづけること、どんな小さなことでもベストを尽くし、ピッチでせいいっぱいのプレイをすること、時間を割き、足を運んでくれるひとたちに最高のものを見せられるように努力しつづけること、サッカーに対する真摯な姿勢を見てもらい、共感してもらい、応援してもらうことだと思う。

いつまでも〝ゴン〟をプロフェッショナルでありつづけさせたい。

024

批判がなければ成長はない

社会のなかに根付いてきたとは思うが、まだサッカーは文化になっていない。ジャイアンツの4番バッターの昨日のバッティングが今日の食事の最中や仕事の合間に話題に上るプロ野球ほどには、人々の生活に深く根を張れてはいない。

批判がなければ成長はない。ワールドカップのときだけではなく、ふだんから、もっともっとみんなにサッカーについて語り合ってもらえるようになりたい。ひとりでも多くのひとに監督、コーチ、評論家になってほしい。たくさんのひとにきびしく見つめてもらうことが、日本のサッカーがよりプロフェッショナルなものになるためにもっとも重要なのだと思う。

025

もがける幸せをもっとつよく感じたい

日が沈んでも気温が25度より下がらない夜は〝熱帯夜〟と呼ばれる。

中山雅史が生まれたころ、静岡県の年間の熱帯夜は1週間に満たなかったが、この夏の熱帯夜は9月上旬の時点で40年前の3倍を超えていた。

2007年(平成19年)9月15日。J1リーグ第25節、浦和駒場スタジアムで大宮アルディージャとジュビロ磐田の一戦が行なわれたこの夜も、あたりまえのように熱帯夜だった。湿度はあとわずかで70パーセント、温度計の針は28度付近に貼りついてしまったかのようだった。

19時4分、じっとしているだけで汗がにじみ出てくるような空気のなかでゲーム開始。アルディージャの序盤の攻勢をなんとかしのいだジュビロが、すこしずつゲームの流れを引き寄せていった。

タッチラインの外で中山は身体を動かしつづけていた。

ピッチで選手が走りまわっているのに、ただのウォームアップだけで今日を終えるわけにはいかない。フィジカルコーチの指示通りに動くのではなく、自分が必要だと思うメニューをそこに加え、負荷をかけてウォームアップを自分のためのトレーニングにしたい。

タッチラインの外で身体を動かしつづけることはけっして楽ではなかったが、肉体的な苦しさは、戦う相手がはっきりしているから問題なかった。

問題は精神だった。いつ呼ばれるかわからず、もしかしたらさいごまで呼ばれることがないかもしれない状況のなかでウォームアップをやりつづけることに気持ちがくじけてしまうことが怖かった。

このシーズン、ここまでの出場は24試合中10試合。10試合の内訳は先発が4試合、途中出場が6試合。フル出場は一度もなかった。17節の川崎フロンターレ戦、後半44分に交代出場して以来、ここまで7試合連続して出場機会がなかった。

どんなささいなことでも負けたくないという思いは、出場機会が減ってから一段とつよくなった。練習ではだれよりも多くボールを触りたかったし、点を入れたかった。たとえ遊びのようなミニゲームでも負けるのはいやだった。負けるといつまでもくやしさは消えなかった。

後半に入り、ゲームが大きく動いた。26分と40分にジュビロがゴール。2－0。

終了間際、この試合から指揮をとる内山篤がレフリーに選手交代を告げた。直後、会場全体から温かい拍手がわき起こった。まるでヤマハスタジアムで試合が行なわれているかのようだった。

「ゲームをしっかりと終わらせてほしい」

中山は内山の指示にうなずくと、タッチラインのそばに立って両手でふくらはぎをつよく2回たたき、それから左のソックスを引き上げて、ていねいに折り返し、つづいて右のソックスに手を伸ばした。

84日ぶりにピッチに出た中山に与えられた時間は36秒間だった。

どの選手をどのように使うか、監督のなかに優先順位がある。試合に出られないからといって、その現実を受け入れたくないと思ったら、そこで終わってしまう。練習のなかで、紅白戦のなかで、そしてゲームのなかで、出場時間がどんなに短くてもこれだけやれますということをアピールするしか、優先順位を変える方法はない。

サッカーを始めてからつい最近までペース配分など考えたことはなかった。あたりまえのようにフル出場していたころも、さいしょから全開だった。手を抜いて戦ったことは一度もなかったが、フル出場していたころは時間をマネージメントする余裕があった。ペースに変化をつけながらチャンスをうかがうことができたが、この試合で与えられた時間はマネージメントできるような長さではない。

約10秒後、センターライン付近でジュビロがファウル。アルディージャがフリーキックをジュビロのペナルティエリアに蹴りこみ、両チームの選手がボールを競り合う。ボールにタッチできる回数や走る距離は時間に比例する。だからフル出場のようにたくさんプレイすることはできないが、与えられた時間を90分とおなじぐらい充実させることはできるはずだ。中山は思った。やれることを詰められるだけ詰めこみたい。フル出場とおなじだけの質を手にしたい。

ジュビロの選手の頭に当たったボールがタッチラインに向かって転がっていき、中山がトップスピードでそのボールを追った。

ボールがタッチラインの外に出れば相手のスローインになる。そうなればアルディージャはすぐに攻撃をしかけてくるだろう。内山の指示が頭に浮かんだ。いま、チームに必要なのは時間なのだ。ジュビロが陣形を整え、ひと呼吸入れるための時間を稼ごう。

タッチラインまであと50センチのところでボールに追いついた中山は左足を思いきり振り抜いてクリア。ただひとりアルディージャ陣に残っていたゴールキーパーがペナルティエリアから出てボールを蹴り返したとき、ジュビロのディフェンダーはすでに落ち着きを取りもどしていた。

直後、コーナーキックを得たアルディージャのセンタリングをジュビロがクリア。センターラインを越えて飛んだボールを中山が追った。行く手に大宮アルディージャのフィールドプレイヤーはひとりもいなかった。

アルディージャのゴールに向かって加速した中山の目の前にボールが落ちた。そのままドリブルすれば、まちがいなくシュートを打てる。

観客席に期待がふくらんだつぎの瞬間、試合終了を告げるホイッスルがピッチに響き渡った。

ボールに触ったのは1回だけだったが、効果的なワンタッチだったと思う。もっと長くゲームのなかにいたかったし、シュートを打ちたかったけれど、終わったことを考えてもしょうがない。もっとやりたいのなら、自分を高めるしかない。自分の手でポジションをつかみ取るしかない。

次のチャンスに賭けよう。いつ、どんな状況で呼ばれてもいいように準備をしよう。過去を思ってもむかしの自分にもどれるわけではない。いまをがんばらなければ明日はない。

サッカーをやれなければもがくこともできない。もがける幸せをもっとつよく感じたい。

中山は落ちてきたボールを両手でキャッチすると、すこしくやしそうにピッチに投げつけた。

高くはずんだボールは、明日に向かって飛んでいった。

026

〝しょうがない〟という言葉はくやしすぎる

「止まるな！」

柔らかな秋の雨が降り注ぐジュビロ磐田の大久保グラウンド。ミニゲームが始まってすぐ23歳の萬代宏樹《ばんだいひろき》がさけんだ。

中山雅史が応えた。

「ごめん」

先制点を取ったのは相手チームだった。

ゴールにボールが蹴りこまれた瞬間、小学校4年生のときに岡部サッカースポーツ少年団に入ってからこの日まで、中山を支えつづけてきた感情がわき上がった。

ぜったいに負けたくない。

前半途中で追いついて2－2。

よしいける。後半勝負だ。練習中のミニゲームでは勝負や点数にこだわらない選手が少なくなかったが、中山はちがった。勝ち負けやスコアを考えずにプレイしたことは一度もなかった。

4－3。中山のチームがリードしたままミニゲームが終了。

「さっきはありがとう」中山が萬代をつかまえて言った。「もっと大きい声で指示を出してくれていいから」

いつのまにか雨はやみ、雲の間から薄日がさしていた。

ピッチの周囲を1周1分18秒で3周走るペース走を3セット、つづいてシュート練習を行ない、全体練習は終わった。

カートに積まれた水を飲むためにピッチの中央に向かって歩き始めた中山雅史はクラブハウス2階の壁の大時計を見上げ、足を止めた。

長針は4を指していた。

いま、走り始めたほうがタイムを計りやすいな。

中山は水をあきらめ、くるりと踵《きびす》を返すと、ピッチの白線に沿ってひとり走り始めた。1周1分40秒じゃちょっと早すぎるかもしれない。1分45秒でいってみよう。

注意してもらえるのはありがたい。

走りながら中山はミニゲームを振り返った。

萬代が言う通りだった。あのとき、自分でも動かなければいけないと思っていたが、足が前に出なかった。しっかりポジショニングをしてつぎの攻撃、つぎの守備に対する準備をしよう。もっと流れを見極めて、もっともっと動きつづけなければチームに負担をかけてしまう。

ペース走直後のランニングだったから身体がきつかった。怪我はなかったが、あちこちに痛みがあった。首、両肩、左手首、背中、腰、臀部《でんぶ》の両側、両ひざ、左右のアキレス腱《けん》、左右のかかと。なんでもないところを上げたほうが早かった。

予定の5周を走り終えた中山は、ペースを落としてさらに2周走り、しばらく歩いてから足を止めた。

サッカーシューズを脱ぎ、ソックスを脱いでたたみ、青々とした芝生の上に仰向けに寝ころんで手足を伸ばした。

疲れてくると『もういいか』と思う自分が出てくる。もう一方に『もういいかでいいのか』と言う自分がいる。

今日もそうだった。

『もういいか』と思う自分に対して、『いや、ここで終わっちゃだめだろう。ここまで来たんだからつづけなければもったいない』と言う自分がいた。

芝生から勢いよく身体を起こした中山は、センターラインに沿って歩き始めた。鳥の声が、すこし肩をいからせたうしろすがたを追いかけた。

〝しょうがない〟という言葉はくやしすぎる。白旗を掲げるようできらいだ。
42歳になってから7日目の練習が終わった。

027

やってみなければわからない

ひとかけらの雲も見あたらなかった。

サックスブルーの空は、時が止まったかのようにどこまでも晴れ渡っていた。

正午を過ぎたばかりだというのに、ヤマハスタジアムとその周囲は熱気に満たされていた。

サポーターが路上に広げた横断幕にマジックを走らせていた。

――ずっと一緒にいてください――

ジュビロ磐田の選手たちを乗せたバスがスタジアムに到着すると、ゴール裏から待ちかねていたように歌声がわき起こり、青空に吸いこまれていった。

《オーナカヤマ、オーナカヤマ、ナカヤマナカヤマ、ゴンゴール》

2009年(平成21年)11月28日、土曜日。Jリーグ第33節、ジュビロ磐田対サンフレッチェ広島。中山雅史がジュビロ磐田の選手としてホームで戦うさいごの日だった。

午後2時をほんのすこし過ぎて試合が始まった。ロッカールームの出口でスターティング・メンバーを送り出した中山は、ベンチの右寄りに座った。

中盤の4人のうちの3人をユースチーム出身者で固めたジュビロがゲームをコントロールしつづけたが、前半22分、サンフレッチェがワンチャンスを生かし、佐藤寿人《ひさと》がゴール。

ジュビロ磐田0－1サンフレッチェ広島。

佐藤はアグレッシブだが反則の少ない選手だった。

「ゴンさんを見てぼくは育った。ゴンさんがフェアではない行為をしてカードをもらったという記憶がない。ゴンさんのようにはなれないけれど、プロとして、将来を担う子どもたちのお手本となるような選手になれるよう、努力していきたい」

ジュビロ磐田は34分、35分にシュートを放ったがほんのわずかゴールに届かず前半を終了。

後半が始まって約7分、ジュビロ磐田のイ・グノが決定的なチャンスを逃した直後、メインスタンド真下の部屋の、縦10メートルほどの狭いスペースで控えの選手たちがウォームアップを開始。

足もとでボールを止めてからのパス、ダイレクトパス、胸でトラップしてからのパス。ボールに触れていないときも、中山の身体は止まることがない。あごを引き、上体を軽く前傾させ、両脚でフットワークをきざみつづける。かかとはつねに浮いていて、ベッタリと床につけられる瞬間がない。それがトレーニングの基本的なルールなのだろうが、中山ほどそれを徹底している選手はほかに見あたらない。

やっている以上は、上をめざしつづけたい。ゲームに出たいし、試合に勝ちたいし、日本代表になりたいし、ワールドカップに出たい。

頂上が年々遠くなっていくことは感じているし、もしかしたらもう届かないのかもしれない。

だけど。

中山は脚を動かしながらにらむようにボールを見つめた。

やってみなければわからないじゃないか。

後半34分。船谷圭祐《ふなたにけいすけ》に代わって村井慎二が出場。

直後、中山がひとりウォームアップを開始。首を左右に振り、もがくようなショート・ダッシュを重ねる。

後半35分、リザーブの選手から拍手がわき起こった。

中山はひとりひとりとハイタッチを交わし、ゴールキーパーコーチの森下申一、監督の柳下《やなぎした》正明が差し出した右手を握った。

タッチラインのすぐ外側に立った中山は右手でユニフォームの心臓のあたりをつか

んだ。いつもかならず右のこぶしで左胸をたたいたが、この日は、両のこぶしで、左右の胸を交互にたたき、大きく息を吸いこんだ。

後半37分。交代を告げられたイ・グノと握手を交わした中山は、ふたたび右のこぶしで心臓のあたりをつよくたたき、勢いよくピッチに走り出た。

〝GON GOAL〟の人文字が浮かぶバックスタンドの上に、いつのまにか丸い月が昇っていた。

時は容赦なく流れていた。

サックスブルーの空は永遠ではなかった。

11分後、ピッチにゲームの終わりを告げるホイッスルが鳴り響いた。

動きを止めた中山はユニフォームの左袖で顔をぬぐった。ジュビロ磐田に入団してから20年間、チームが負けたときにいつも浮かべた表情がそこにあった。

――さいごに中山選手よりサポーターのみなさんにご挨拶いたします。

試合後に行なわれたセレモニーで壇上に上がった中山は、四方に向かってていねいに頭を下げた。

「おれがジュビロの中山だ！　サンキューサンキューサンキュー！」

マイクを通してさいしょに場内に響き渡ったのは、ジュビロ磐田がＪリーグに入る前、すでに日本代表入りしていた中山が、ひとりでも多くのひとにチームの名前を知ってもらおうと、報道陣やサッカーファンの前で幾度となく口にした言葉だった。

そのころ書いていたサインは〝中山雅史〟をアレンジしたもので、中学２年生のときに考えたものだった。１９９３年（平成５年）は〝中山雅史〟と〝ＧＯＮ〟を併記し、ジュビロ磐田がＪリーグで戦うことになった１９９４年（平成６年）から〝ＧＯＮ〟だけになった。

「ヤマハ発動機に入社しまして、ここまで20年間、いろんなことがありました。そのなかで、良い思い出も悪い思い出もありますけれども、いつもぼくの背中を押してくれたのは、みなさんでした」

スタンドから温かな拍手がいっせいにわき起こった。

「どれだけ大きく成長できたかはわかりませんけれども、みなさんの声援があったからこそ、ここまでがんばれてきたと思います。ここで終わるのがいちばんきれいな終わりかたかもしれないんですけれど、まだ、やりたいという気持ちが、情熱が、ぼくのなかに残っているので、プレイヤーをつづけたいと思っています」

いつでもどんなときでも、中山は挨拶の言葉を用意したことがなかった。自分を肯定したいのなら、あらかじめ内容を練っておいたほうがいいのだろうが、自分には似合わないことだと思った。なにより準備した言葉にしばられるのが好きではなかった。その場の雰囲気を感じ、人々を見つめながら、こころに浮かんだ言葉を送り出したかった。

「まだチームは決まっていませんけれど、行ったチームでも、ここで培った、成長させてもらった魂を胸に、ピッチで走りたいと思います。あと1試合残っています。ジュビロの勝利のために、成長のために、一生懸命、努力していきたいと思います。ありがとうございました」

チーム内のポジション争いに勝って、このあとのヴィッセル神戸との最終戦に出場するつもりだった。まだなにも終わっていなかったから涙は出なかった。

挨拶を終えた中山は、ふたたび四方に向かっててていねいに頭を下げ、ほかの選手、スタッフといっしょにフェンスに沿って歩き始めた。

残っていた大勢のサンフレッチェのサポーターの声援が、スタジアムの空気をよりいっそう温かなものにした。

メインスタンドに家族のすがたを認めた中山は、涙を流している愛娘《まなむすめ》に、笑顔を浮かべながら声をかけた。

「泣くな！」

中山のすがたがゴール裏にさしかかると、ジュビロ磐田のサポーターの熱がいっせいにはじけ、暮れ始めた空に燃え上がった。

《ナカヤマタイチョー、ゴンゴール、ゴンゴール、ゴンゴール》

炎をかきたてるようにチャントを踊っていた中山が不意に走り始めた。中山を取り囲もうとする大勢のカメラマンを振りきるためだった。サポーターと自分の間にだれひとり、なにひとつ置きたくなかった。

《ナカヤマタイチョー、ゴンゴール、ゴンゴール、ゴンゴール》

右端から左端へ、左端から右端へ、ふたたび右端から左端へ。ウォームアップのように全力で走った中山はフェンスに駆け上がった。

「みんなの声援がおれを走らせてくれました。まだ走りつづけたいんだな。ジュビロと戦っちゃうときはがんばっちゃうかも。いい？」

そう言うと中山はフェンスを乗り越え、流れ落ちる無数の涙のなかに飛びこんでいった。
「ジュビロはまだ未熟なチームです。みなさんの力で思いきりサポートしてください」
《オーッ！》
「その声援で後押ししてください！」
《オーッ！》
「おれもがんばるからよーっ！」
《オーッ！》
「ありがとう！」

『やってみなければわからない』という言葉はだれのなかにもあるが、やがて『合理性』といったような言葉と入れ替わる。いろいろなことを経験するうちに、なにかをやる前から結果を予想するようになり、その予想にしたがって最短距離だと思われる方法を選ぶようになる。無駄だと思うことはやらない。できそうもないこともやらない。そんなことに時間とエネルギーを使うことは合理的ではないと考えるようになる。
だが中山はちがった。

合理性という言葉に寄りかかって、楽な道を選ぼうとしなかった。届かないかもしれない頂点に向けて、新たな一歩を踏み出すことを決めた。

セレモニーが終わり、人々は家路についたが、ひとにぎりのサポーターは余韻のなかに立ちつくしたままだった。

シャワーを浴び終えた中山は、スタジアムの片隅にまだサポーターがいることに気づくと、そこに歩み寄り、差し出された手のひらの上で幾度となく宙に舞った。

サポーターに別れを告げた中山は、出口で立ち止まり、振り返った。そして月明かりに照らされたピッチに向かって10本の指をまっすぐに伸ばし、深々と、頭を下げつづけた。

だれかが言った。

「時代が終わったな」

「そうじゃない。なにも終わっていないし、中山は消えていくのではない」

だれかが応えた。

「ぼくたちが置いていかれたのだ」

028

失う怖さを知ってほしい

濃紺のハーフパンツに水色の長袖シャツ、白いプーマのサッカーシューズを履き、9番のビブスをつけた中山雅史が先頭をきってピッチに走りこんだ。

２００９年(平成21年)12月10日、大阪・長居陸上競技場で日本プロサッカー選手会と日本プロサッカーリーグによるJリーグ合同トライアウトが行なわれた。所属チームから戦力外通告を受け、新しい所属先が決まらず、それでもどうしてもサッカーがつづけたくて集まった選手は52人。各チームのスカウトを始め、サッカー関係者１７３人の視線がピッチに注がれた。

中山がジュビロ磐田から契約を更新する意思がないことを知らされたのは、その年の夏だった。ジュビロ磐田が好きだったし、自分の身体を知り抜いているメディカル・スタッフと離れることは考えられなかった。なんとかしてプレイで決定を覆そうとがんばったがかなわなかった。

すでにいくつかのチームが獲得を表明しているのだから、トライアウトに出なくてもいいのではないか。そんな声が聞こえてきたが、中山はぜったいに参加しようと決めていた。

２００１年(平成13年)11月、井原正巳のあとを受けて、３代目日本プロサッカー選手会会長になった中山は提案した。

「戦力外になった選手には、各チームに出向き、練習に参加するしか新しいチームを探す方法がない。野球のように選手と関係者が1カ所に集まるトライアウトを行なうべきではないか」

自分が関わり、実現したシステムなのだから、その場に立つのは当然のことだ。自分の今後の人生にもかならずプラスになるし、なにより、この公平な場所で一選手として勝負したい。会場に来ているスカウトや関係者たちからより高い評価を勝ち取りたい。

評価される舞台は15分ハーフの30分。チームを組んだことがない選手がチームを組み、チームを組んだことのないチームと戦うのだから、チームプレイからほど遠い展開となった。ボールが落ち着くことがなく、サッカーへの思いと熱がひたすらガチガチとぶつかりあった。

参加している選手にとって、中山は自分をアピールするための恰好《かっこう》の相手だった。評価を得るために中山に高さを挑み、ぶつかり、押さえこもうとした。

それぞれがそれぞれに長所を持っている。戦力外になって当然だと思う選手はいない。なにより本気で戦っている。どうして、日々、こういう気持ちで練習に取り組まなかったのだろう。参加者の思いと熱を身体で感じながら中山は思った。

Jリーグの未来を背負う若い選手にこの場を経験してもらいたい。失う怖さを知ってほしい。

029

すべて自業自得と生ききりたい

澄んだ青空が広がっていた。

乾いた心地のよい風がゆるやかに吹いていた。

2012年(平成24年)5月、コンサドーレ札幌の練習がオフの水曜日、札幌駅近くの借住まいを出た中山雅史は、ロードバイクのハンドルを西南西に向け、ペダルを漕《こ》ぎつづけた。

やがて道路はゆるやかに上り始め、いくつかカーブを越えると、前方に大倉山の濃密な緑が見えた。

ペダルを踏み下ろすごとに緑は視界のなかに広がり、やがて生き物のようにうねる大倉山のジャンプ台がすがたを現した。

ロードバイクを降りた中山は頂上につづく林道に向かった。

足の裏を地面につける角度をほんのすこし変えるだけでひざが痛み、体重の乗せ方を工夫すると痛みはどこかに消えた。

一歩一歩に薄紙ほどの変化を加え、ひざの反応をたしかめながら、中山は緑のなかを歩きつづけた。

2010年(平成22年)11月に手術した両ひざは底なし沼にはまったかのように悪化

の一途をたどり、２０１１年(平成23年)７月には痛み止めの飲み薬が効かなくなり、直接ひざ関節に打つ痛み止めの注射の効き目が持続する時間は３日が２日になり、やがて１日になった。

こんな痛みは初めてだ。約２カ月後の９月末、練習前のウォームアップの最中にまったくひざを上げることができなくなった。ワールドカップ・フランス大会で右脚を骨折したときのほうがまだましだった。中山はくずれるように芝生に倒れこんだ。いったいどうなってしまうのだろう。

このままシーズンを終えたくない。12月３日のホーム最終戦にはどうしても出場したい。痛みに負けるな。弱気になるな。休むな。もっとやれるはずだ。やらなければだめだ。

２週間安静にしてチーム練習に復帰したが、１歩踏み出すごとにうめき声がこぼれ出た。ウォームアップを兼ねたランニングはなんとか走りきったが、つづく１０００メートル走はどうにもならなかった。

だめだ。

生まれて初めて身体が走ることを拒絶した。

Ｊ１昇格をめざして戦っているチームに貢献したい。たとえ試合に出られなくても、練習でがんばる姿を見せればすこしは刺激になるかもしれない。そう思って無理を重ねてきたが、どうしてもこれ以上は走れない。

チームを離れ、病院に行くと、医師は言った。

「このまま運動をつづけると、骨が壊死する危険性があります」

クッションの役割を果たす半月板と軟骨がほとんどないために、大腿骨と脛骨が直接ぶつかり、重度の骨挫傷を起こしていた。

診断結果を聞いたとき、観念すると同時にほっとしている自分がいた。強制的にやめさせなければ、練習から離れられないことがわかっていたからだった。

走ることをやめても、痛みは消えなかった。なかなか寝つけず、立っているだけでふらつき、階段をまともに下りることができなかった。

このままではどうにもならない。一から問題を見直そう。

中山は磁気と電波を利用して身体の断層写真を撮影するＭＲＩ検査を受けるために本州の北端の大学病院に向かった。

「患者の名前、年齢を伏せ、この画像を10人の整形外科医に見せたら、きっと9人は人工関節をすすめるでしょう」

検査結果を手に、医師は声をひそめ、つづけた。

「この状態では手の施しようが……」

そんなにひどいことになっていたのか。問題の深刻さはわかったが、がっかりしたり落ちこんだりすることはなかった。帰りの新幹線のなかで中山は思った。ぜったいに治す。ピッチにもどってみせる。

12月に入り、軟骨再生の話を聞くために、べつの大学病院に足を運んだ。

「まだ臨床研究中で、ひざの軟骨がある程度残っていることが再生の条件です。再生には約1年かかります」

「両脚同時に再生できますか？」

医師は答えた。

「それはできません。それから再生された軟骨の強度は、日常生活に耐えられる程度です」

治療に2年も時間を使う余裕はなかった。必要としているのは日常生活を送るための軟骨ではなく、ボールを追ってピッチを走るための軟骨だった。

軟骨再生をあきらめ、「また走れるようになる」と診断したトレーナーの下でリハビリに取り組むことに決めた。のこされたさいごの可能性だった。

ひざの痛みのおもな原因はX脚にある。X脚を矯正するためには足裏の接地の方法を直さなければならない。接地の方法を直すためには、新しい動作要領を身体に覚えさせ、同時に、それを可能にする筋肉を作ることが必要だ。トレーナーの指示にしたがって取り組んだのは、44年間、無意識にやりつづけていた歩きかたを変えることで、つまり、新しく生き直すようなものだった。短期間でそれをやり遂げるには、うんざりするような反復動作と苦痛に耐えなければならず、1日の大半をリハビリに費やすことになった。

最大の不幸はプロのサッカー選手でいられなくなることだ。リハビリはつらいが、乗り越えなければつぎはない。こころが萎えて動けなくなったら、プロをやめるしかない。中山は思った。すべてはバランス。ずっといいことばかりだったから、この程度の苦しみではまだ精算が終わらないということなのだろう。

新しい歩きかたに取り組んでから約5カ月が経ち、20メートルほどならトップスピードで走れるようになった。チームから離脱したときの状態にくらべれば、信じられないほど良くなったが、プロのサッカー選手としてプレイできる状態にはまだ遠かった。ブレーキをかける、ターンするといった動きが滑らかにできず、そこにサッカーボールが加わると動きの複雑さに身体がついていかなかった。

がまんできるほどになったが、ひざの痛みはつづいていた。朝、すぐに起き上がることができなかった。直接床に置いたベッドマットの縁に座り、床をつかむように10本の足の指を動かして、新しい歩きかたに必要な足裏の筋肉を温め、ほぐさなければならなかった。

足裏のウォームアップが終わると、壁に向かって四つんばいになり、椅子にひざ立ちして電車の窓の外を見ていた子どもがあとずさりするように、ゆっくり脚を伸ばした。痛みを迂回《うかい》するためなのだが、それでも完全に避けられるわけではなかった。立ち上がるためには、ぜったいに痛いとわかっている領域を通過しなければならず、いつもちょっとした勇気が必要だった。

修復手術をすると復帰まで時間がかかるから、半月板を痛めるたびに削った。繰り返すうちに両ひざの半月板は失われ、軟骨もすり減った。個人的に頼ったリハビリのなかには、ひざの状態を悪化させたとしか思えないものもあったが、悔いることはひとつもない。

いいことも悪いことも自業自得、自分が選んだことの結果だ。なにかのせいにして逃げ場を作ることはしたくない。

ひざがつぶれたから新しい道を歩むことができた。たくさんの人に出会い、さまざまなことを学べた。

なんとかして怪我を克服しよう、乗り越えてよりつよい自分を作ろうとしたから、いろいろな経験を積むことができた。

ひざの痛みがなかったら、いまのぼくはない。

緑の天蓋を抜けると、標高300メートルの大倉山の山頂だった。

眼下に190万人が住む札幌市を乗せた石狩平野が広がり、その向こうに石狩湾が見えた。中山は悠々と広がるこの景色が大好きだった。

選手生活のさいごにどんな景色が見えるのだろう。すべてをやりきって、前のめりに倒れ、芝生の根元だけが見える。そんな景色を思い浮かべたことがあったが、これまでとおなじように、これからもやりきったと思える瞬間などないのだろう。

この先、なにが待ち受けていようと、すべて自業自得と生ききりたい。

下山した中山は、ロードバイクにまたがり、ひざの痛みを振りきるようにペダルを踏み下ろした。

勝負はこれからだ。

０３０

隙あらば

試合終了を告げるホイッスルがピッチに響き、ぼくは札幌ドームの天井を見上げた。2012年（平成24年）11月24日、このシーズンのホーム最終戦。コンサドーレ札幌0－2横浜F・マリノス。

出場したのはアディショナルタイムに入ってからの5分間だった。

なにかをするために入った。なにかしたかった。だけれどなにもできなかった。

1週間後のアルビレックス新潟とのシーズン最終戦をあきらめたわけではなかった。出場するために練習するつもりだったが、同時に、この試合がシーズンさいごの場になるかもしれないと思っている自分もいた。

両ひざの痛みでふつうに歩くこともできない状態からスタートした1年だった。すべてを賭けて、リハビリに取り組もう。もうもとの状態にもどることはないだろうが、痛みが受け入れられる程度のものになり、プレイできるようになるまでリハビリをやりきろう。やりきらなければ、その先の人生はあり得ないと思った。

チームメイトがピッチを走っているのを見つめながら、一日じゅうひとりで自転車を漕ぎつづけた。ウォームアップのランニングのスピードさえ、うらやましかった。

「これならいけるかもしれない」と「これではきびしい」の間を数えきれないほど行

き来した。あきらめたことはなかったが、いつまで経っても明日が見えなかった。ウォーキングからジョギングへ。ジョギングからスプリントへ。10メートルから20メートルへ、20メートルから30メートルへ。5分から10分へ、10分から20分へ。ひざに負担のかからない走りかたに変え、走る距離と時間をすこしずつ増やし、そこに止まる、走る、方向を変える、ターンするといった動きを加えていった。

1年間リハビリをやりつづけた結果がこれか。痛み止めの注射をあれだけ打ったのに、これしかプレイできないのか。

くやしいけれど、なんだか拍子抜けしてしまって、くやしがりきれない自分がいた。こんなあっさり終わってしまうものなのか。灰色の天井を見上げながら思った。おれって、ちっちぇえなあ。

ここまでとデッドラインを決めたから、手を抜かずにがんばりきれた1年間だったけれど、いざデッドラインの前に立つと未練がのこった。もうすこしリハビリをやりたい。あと半年やればもっと良くなるんじゃないか。

チームもぼくにつづける意志があれば契約を更新する用意があると言ってくれたが、サッカー選手としての動きを十分にできない状態でチームにのこるわけにはいかなかった。

12月4日、札幌で記者会見に臨んだ。

——本日はお忙しいなか集まっていただき、ありがとうございます。わたし、中山雅史は今シーズンをもって第一線を退くことを決めました。長い間、ありがとうございました——

大勢のひとにあの場に来ていただいたことへのお礼、それまでお世話になったひとへの感謝、引退の2文字を使わないこと、前もって決めておいたのはこの3つだけだった。

——この会見場に来るまでも『やめなきゃいけないのかな……？』とか『なんとかつづけられないかな』という思いもわき上がりました。まだ未練たらたらです。これでリハビリを終えるつもりもないですし、それでまたバリバリになったらカムバックするかもしれません。そのときにはまた会見を開くので、みなさんまた来てくれますか？——

——このチームに来て、なかなか活躍できませんでしたし、加入会見で『もがきあがき、情けないすがたを晒《さら》すのかもしれない』ということを言い、実際にそうなってしまいましたが、それもぼくのせいいっぱいのすがただと受けとめていますし、そういう場を与えてくれた札幌には感謝しています。そして、それを熱くサポートしてくれたファン、サポーターにもつよく感謝しています——

——いまのサッカー界には若くうまい選手が多いですから、もっともっと強くなってほしいと思います。現状に満足している選手はいないと思いますが、向上心を前面に出して日本を盛り上げていってほしいと思います。ただ、そういう若い選手が活躍しているのを見るとジェラシーを感じています。そのジェラシーがぼくの力になっていたと思いますし、まだジェラシーを感じています。そう考えると、まだ終わりではないのかもしれません——

——ぼくが自分自身でやれることをやって引っ張ってきたつもりです。そこからなにかを感じ取ってくれるひとがいたならば、それはありがたいことだと思っています。そして、それを感じ取ってくれたひとからもぼくは力をもらったと思っていますし、感謝したいと思います——

これからはサッカープレイヤー以外のことで生活の糧を得なければならない。身体を動かすことができる時間は限られ、年齢を重ねるごとに肉体が衰えていくことはわかっていたが、「引退」という言葉は自分で自分の可能性をゼロに決めてしまうようで使いたくなかった。第一線に復帰したいという気持ちを持ちつづけ、リハビリをやりつづけ、すこしでも可能性をゼロから遠ざけたい。痛みが薄れ、楽しくサッカーをやれるようになり、動きやスピードが改善されれば、道が見えてくるかもしれない。隙あらば復帰してみせるという気持ちを持ちつづけたいと思った。

第一線を退いてから時間が経つのが早くなった。準備、移動、仕事で1日の大半が埋まる。以前のようにサッカーにすべてを捧《ささ》げることはできなくなったが、限られた時間のなかで、もっと自分を鍛えることはできないか考え、なにか方法はないか探しつづけている。

まず札幌でリハビリに使っていた自転車とローラーを、浜松から酸素カプセルを事務所に運び入れた。事務所を〝ジム所〟化させる計画の一環だ。

できるかぎり1日のスケジュールのさいしょにトレーニングの時間を入れるようにしている。自転車を漕ぐことと、筋力トレーニングが中心だ。身体がきつくても、やり始めると、第一線につながるなにかをつかみたいという気持ちがわき上がってくる。

スケジュールの都合で、どうしても時間が取れず、汗をかけないときは、仕事をしていても一日じゅう、落ち着かない。

仕事がない日もジム所に来て、トレーニングをする。やり終えると階段の踊り場に植木鉢用の大きな受け皿を出してお湯を入れ、シャワー代わりに汗を流し、近所のコインランドリーで洗濯をして帰る。

機会があれば外に出て、家や皇居のまわりを走る。リハビリで御殿場に行ったときは、裾野インターチェンジの近くから富士山こどもの国まで自転車を漕いだ。約15キロ、途中で止まると漕ぎ出せなくなるような勾配がつづき、両脚に刺激が入っている実感がうれしかった。

福西崇史、名波浩と仕事でいっしょになったとき、イベント会場の地下の搬入口から地上につながるスロープを坂道ダッシュした。福西は6本、名波は8本。ぼくは10という数字にこだわった。

走りかたを変えたからなのか、ひざを休ませたからなのか、あのホーム最終戦のときとくらべると、ひざはずいぶん良くなった。動いたあとはリバウンドで痛みが出るが、これくらいはしかたがないだろうと受けとめられる程度になってきている。かなりいろいろなステップを踏めるようになったが、めざすところはまだまだ遠い。切り返しがきかない角度があるし、打てないシュートもある。

第一線を退いたから、かなったこともある。海外サッカーの観戦もそのひとつだ。ドイツ・ブンデスリーガのボルシア・ドルトムントとFSVマインツ05とのゲーム、いつか見たいと思っていたドルトムントのゴール裏、2万人余りのサポーターはすごかった。黄色い壁は想像を超える迫力だった。

やっぱりそこをねらったか。あそこで出ていくのか。もどってもう一度出ていく体力はあるのだろうか。マインツの岡崎慎司の動きを追ううちに、どんどんゲームに引きこまれていった。どうしてこんなにキープできるんだろう。どうして行かないのだろう。もっとラインを上げたほうがいいのか。この状況でそうやって出ていくのか。これだけ走れないとこの場には立てないのか。もし自分がここにいたらどういうプレイをしなければならないのだろう。どういうプレイができるのだろう。

ジュビロ磐田にいたとき、海外からチームに問い合わせがあったという話を何度か耳にした。そのときには、もしほんとうにオファーがあったらどうしようかと考えた。一度は海外のサッカーを経験してみたいと思ったが、両ひざが不安だった。

あのころ、いまのように大勢の日本人が海外のさまざまな場所でプレイしていて、情報を交換することができたら、もっと現実的に考えることができただろう。ぼくの身体をわかってくれている佐々木（達也）とマルコ（・ファンデルスティーン）がいっしょに行ってくれるのなら、ためらわなかったはずだ。


ドイツのミュンヘンに行ったとき、1回目のグローインペインの手術とリハビリのために約2カ月間滞在した場所を訪れた。1994年(平成6年)以来、20年ぶりだった。

あのころと、ほとんど変わらない景色のなかを走った。なつかしくて、同時に新鮮だった。あのときの11カ月ぶりにピッチに立てる喜びと、やってやろうと思ったギラギラした気持ちが甦った。

それにくらべて、いまはどうなのか。落ち着いてしまっていないか。もっといけるだろう、いかなければだめだと思った。

解説者としてサッカーについて話すことが多くなったが、適切なことを話せているのだろうか、目の前で起こったプレイに対してふさわしいことを言えているのだろうか。求められる以上、そこに全力を投じ、応えたいと思うがまだまだ迷うところは多い。

サッカーへの理解が深まれば、楽しみも増す。すでに興味を持っているひとはもちろん、初めて見るひとにも「サッカーっておもしろいんだな」と感じてもらいたい。これはどうしてだろう、あれはなぜだろうと思っているところに、すこしでも参考になるような言葉を届けたい。つぎにおなじプレイがあったら、そういう角度から見てみよう、今度はスタジアムに行ってみようと思ってもらえたらうれしい。スピードを感じ、足にボールが当たるときの生の音をぜひ聞いてもらいたい。

より多くのひとにサッカーの魅力を伝えるために、もっと視野を広げたい。テレビに映らないところでのできごとも見逃さないようにしたい。チームのバランス、選手の配置、ここにこう手を入れたほうが良くなるのではないかということを、ビデオを巻きもどし、確認してから言うのではなく、同時進行で見極められるようになりたい。

量より質と言うが、質を上げるためには量が必要だ。いまのぼくに必要なのは、もっとたくさん試合を見ることなのだと思う。

中学生の試合で監督のような立場を経験した。1日限りの出会いなのでひとりひとりの性格やプレイの特徴はわからない。フォーメーションはそれまでやってきたことをやってもらうしかない。そういう状況だったから、基本的なことしか言えなかったが、それでも、みんな真剣なまなざしで応えてくれた。

ぼくの言葉がどれだけ意味を持ったかはわからないが、試合に勝った。こういう喜びもあるのかと思った。相手チームの監督は藤田俊哉だった。

もちろんプロの選手が相手の場合は、中学生といっしょにやるようにはいかない。いろいろな個性が集まってくる。中学生のようにこちらを向き、話を聞いてくれるわけではないだろう。むずかしいと思う反面、シンプルにいけるようにも思う。要求すべきことをはっきりと要求し、より高いものを課し、やらないのならやる選手に入れ替わってもらうだけだ。

プレイヤーは自分のことだけを考える。あれがほしい、これも手に入れたいと思う。監督は逆にいろいろなことを手放さなければいけないのだろう。これはここに任せよう、あれはあそこに任せようと考え、任せたことをうまくマネージメントし、ふたたび束ね、自分の意図に沿ってチームが動き始めたときに楽しさを感じるのだろう。監督はプレイヤーの延長線上にはない。川をはさんで向こう側に広がる世界だ。機会があれば、ぼくにできることであれば、橋を渡ってみたい。指導者ライセンスの取得など、準備は進めているが、もしその世界に喜びを感じたら、もう第一線にはもどることはできないのだろう。そう思うと、すこしさびしい気持ちもする。

スポーツの頂点を極めたひとに話を聞く機会があった。すべてやりきった、現役にまったく未練はない、すがすがしい気持でつぎのステージに行けると言いきっていた。きびしいトレーニングを積み重ねなければ頂点に届かない。頂点に位置しつづけるために、さらにきびしいトレーニングを重ねなければならない。すこしでも緊張がゆるめば頂点から滑り落ち、自分のいやなすがたを見ることになる。それならば、やりきれたと思えたときに、つぎの人生にエネルギーをシフトすることもひとつの生きかたなのかもしれない。

だが、ぼくはやりきれていない。だからつぎもプレイヤーしかない。トレーニングの強度を上げ、コンディションを整え、いつか訪れるかもしれないチャンスをつかめるようにしておきたい。

引退するのではない。第一線を退くだけだという思いは、あのときよりもつよく胸の内にある。

隙あらば。

中山雅史
1967年静岡県生まれ。静岡・藤枝東高、筑波大を経て、1990年に日本リーグのヤマハ発動機（現J2・ジュビロ磐田）に入団。J1歴代最多の157ゴールを記録し、98年に最優秀選手（MVP）、同年と2000年には得点王に輝く。日本代表としても通算53試合で21得点。ワールドカップ（W杯）2大会に出場し、98年フランス大会ではジャマイカ戦で日本選手として史上初得点を挙げた。2012年、一線を退くことを発表。

時見宗和
1955年神奈川県生まれ。「月刊スキージャーナル」編集長を経て独立。著書に『見はてぬ夢』『神のシュプール』『オールアウト』『ただ、自分のために』などがある。

魂の在処

2014年7月25日　第1刷発行

著者　中山雅史　時見宗和
発行者　見城 徹
発行所　株式会社 幻冬舎
〒151-0051
東京都渋谷区千駄ヶ谷4-9-7
電話　03(5411)6211（編集）
03(5411)6222（営業）
振替00120-8-767643
印刷・製本所　図書印刷株式会社
検印廃止

ISBN978-4-344-02610-0　C0095
幻冬舎ホームページアドレス
http://www.gentosha.co.jp/

この本に関するご意見・ご感想をメールでお寄せいただく場合は、comment@gentosha.co.jpまで。

取材にご協力くださったすべての方々に感謝いたします。

本書は「ジュビロ磐田サポーターズマガジン」ならびに「Number」に発表された作品を大幅に加筆修正・再構成し、書き下ろし作品を加えたものです。

装幀…………米谷テツヤ（PASS）
カバー写真 … 長屋和茂
メイク ……… 高柳尚子
DTP ……… 中村文